ROWOHLT
BERLIN

Helmut Winter

Virginia und
Leonard Woolf

Rowohlt · Berlin

PAARE  Herausgegeben von Claudia Schmölders

1. Auflage September 1999
Copyright © 1999 by
Rowohlt · Berlin Verlag GmbH, Berlin
Alle Rechte vorbehalten
Umschlaggestaltung Walter Hellmann
(Fotos: Ullstein Bilderdienst)
Satz Berling PostScript QuarkXPress 3.32
Gesamtherstellung Clausen & Bosse, Leck
Printed in Germany
ISBN 3 87134 352 8

# Inhalt

# Die Stephens und die Woolfs

Am 11. Januar 1912 erscheint in der Zeitschrift «Times Literary Supplement» ein Essay über den englischen Romancier George Gissing, in dem eine gewisse Virginia Stephen schreibt: «Wenn sich Mann und Frau in der großen Szene der Leidenschaft begegnen, wäre es dann nicht am besten, wenn einer von beiden durch eine starke Erkältung für die nötige Ernüchterung sorgte? Die Menschen zum Nachdenken zu bringen hat den Vorzug, daß man auch andere Verhältnisse beschreiben kann, nicht nur das eine große zwischen Liebendem und Geliebter.» Am gleichen Tag macht der ehemalige Kolonialbeamte Leonard Woolf der dreißigjährigen Verfasserin einen Heiratsantrag.

Drei Jahre vorher, am 17. Februar 1909, hatte der homosexuelle Kritiker und Biograph Lytton Strachey die freie Journalistin Virginia Stephen gefragt, ob sie ihn heiraten wolle, aber keine eindeutige Antwort bekommen. Am nächsten Tag zog er den Antrag zurück. Erleichtert berichtet die Umworbene ihrer Schwester Vanessa: «Nein, ich werde mich nicht auf eine blutleere Liaison mit Lytton einlassen, er ist zwar der ideale Freund, aber eben doch nur eine Freundin.»

Zwei Monate später verlobt sie sich mit Leonard Woolf. Strachey bekommt eine dreizeilige Anzeige:

Ha! Ha!
Virginia Stephen
Leonard Woolf.

Er revanchiert sich mit einer Anekdote, die er überall verbreitet: Virginia und Leonard sitzen in der Eisenbahn, er stellt die bewußte Frage, ihr «Ja» wird vom Rattern des Zuges

verschluckt, entnervt greift er zur Zeitung und fragt scheinbar beiläufig: «Was hast du gesagt?» – Sie: «Ach, nichts!»

Hatte die psychisch labile Tochter aus gutem Hause nur
auf einen Mann gewartet, der bereit war, ihr Leben zu ord-
nen und da zu sein, wenn sich ihr Geist verdüsterte? Leonard
Woolf, ein ernster Intellektueller aus der jüdischen Mittelschicht, schien für diese Rolle wie geschaffen. Als Liebhaber
selten gebraucht, wandelt er sich widerspruchslos zum
(meist unerwünschten) Krankenpfleger. Während der Depressionen, die gleich nach der Hochzeit einsetzen, kann sie
sich keinen selbstloseren Betreuer wünschen – und wütet
doch auf dem Höhepunkt der Krise maßlos gegen den Ehemann. Der hat den manisch-depressiven Anfall sicher nicht
ausgelöst, aber seine ständige Aufsicht trägt zu den Ängsten
und Obsessionen bei, die sie ein Leben lang quälen. «Sie fand
Leonard zuverlässig wie einen Felsen. Da sie sich nie zu ir-
gend etwas entschließen konnte, brauchte sie jemanden, der
ihr die Entscheidungen abnahm, was Leonard offensichtlich
getan hat», urteilt lakonisch die Schwester Vanessa.

Hätte es ohne Leonard die Virginia, die wir so gut zu
kennen glauben, nicht gegeben? War die Entscheidung für
Leonard wirklich die klügste ihres Lebens? Die Ehe der
Woolfs ist oft beschrieben, analysiert und erklärt worden,
mal als «ideale Partnerschaft», mal als «Arbeits- und
Versorgungsübereinkunft» oder «virtuelle Geschlechter-
gemeinschaft» – meist kommt Leonard ziemlich schlecht
dabei weg, am schlechtesten als Zerrbild eines viktorianischen Patriarchen, der auf den Erfolg seiner Frau neidisch
ist. Gegen solche Karikaturen spricht noch immer Virginias
Bekenntnis: «1912 habe ich Leonard Woolf geheiratet, und
gleich danach war ich drei Jahre krank. Ohne die überirdi-
sche Güte von Leonard – wieviel öfter hätte ich mit dem
Gedanken an Selbstmord gespielt! Er war mein unverletz-
licher Mittelpunkt.»

Leonards penibler Ordnungssinn und ihr Fürsorgebedürfnis, so heißt es gewöhnlich, – das war, an der Oberfläche, das Gerüst einer Gemeinschaft, die von Streit und Meinungsunterschieden gefährdet schien und oft auch von beiden als bedrückend empfunden wurde, die ihnen aber auch immer neue Glücksmomente bescherte. Virginia war für Leonard die Verkörperung «des Genies schlechthin» – zwar verstand er sie nicht immer, aber sie war ihm jedes Opfer wert. Zusammen gründeten sie einen Verlag, in dem sie ihre Werke veröffentlichen konnte, und er war mehr als ein Lektor, der ihre Manuskripte las und kommentierte. Sie waren Eheleute, literarische Kollegen und Geschäftspartner, beide gleichermaßen professionelle und produktive Autoren. Die Hogarth Press entwickelte sich nach zögernden Anfängen zu einem profitablen Unternehmen, der den beiden, zusammen mit Virginias väterlichem Erbe und den Einnahmen aus ihrer Schriftstellerei, ein gepflegtes Leben ohne materielle Sorgen ermöglichte.

Seit ihren literarischen Anfängen galt Virginia Woolf als brillant, snobistisch, genial. Sie wurde zum Mittelpunkt des Bloomsbury-Kreises; die Libertinage, die sie mit Gleichgesinnten kultivierte, erschien den Zeitgenossen faszinierend verrucht. Inzwischen ist ihr Name Allgemeingut. Sie hat Leser in aller Welt gefunden, ihre (durchaus nicht eingängigen) Romane sind in hohen Auflagen verbreitet, fast viertausend Briefe und dreißig Tagebuchbände dienen als Fundgrube und Steinbruch für alle möglichen Spezialinteressen. Für Feministinnen ist sie eine der Mütter der Bewegung, an den Universitäten hat sich eine veritable Virginia Woolf-Industrie etabliert, und selbst in der Pop-Kultur ist ihr Name zu einer Ikone geworden. Eine große englische Brauerei wirbt mit Virginia Woolf-Porträts für eine herbe Biermarke, Claudia Schiffer läßt in «Vogue» eine angelesene Taschenbuchausgabe von «Mrs. Dalloway» vom Bett zu Boden gleiten. Name und Bild der Dichterin verzieren Kleidermodelle, Kopfkissenbezüge und Kitschpostkarten. Eine verwirrende Vielfalt von Virginia Woolf-Bildern hat das Klischee von der esoterischen Ästhetin verdrängt. Die exzentrisch-träumerische Psychopathin hat ebenso ihre Anhänger wie die angeblich männerfeindliche Lesbierin, die in der Kindheit sexuell mißbrauchte Selbstmörderin ebenso wie die professionelle, rastlos produktive Schriftstellerin.

«Adeline Virginia Stephen, die zweite Tochter von Leslie Stephen und Julia Prinsep Stephen, geboren am 25. Januar 1882, entstammt einer langen Reihe von Vorfahren, einige berühmt, andere obskur; hineingeboren in eine große Familie, Kind nicht von reichen, aber wohlhabenden Eltern, geboren in die sehr mitteilsame, gebildete, Briefe schreibende, Besuche machende, wohlartikulierte Welt des späten neunzehnten Jahrhunderts.»

So begann Virginia Woolf kurz vor dem Zweiten Weltkrieg, zwei Jahre bevor sie Selbstmord beging, ihre Autobiographie. Nach hundert Seiten brach sie den Versuch ab – die «moments of being», Augenblicke höchster Intensität des Erlebens und Erinnerns, geraten ihr, so fürchtet sie, zu einem Mosaik aus Bruchsteinen. Sie schwankt, wie sie sich zeigen soll: als selbstbewußte Künstlerin, losgelöst von allen Wurzeln, oder als Kind jener «wohlartikulierten Welt des späten neunzehnten Jahrhunderts». In der Welt der Vergangenheit fühlte sie sich zu Hause, in ihren Büchern hielt sie sie fest, und ihre Stimmen waren ihr oft wichtiger als die Menschen, mit denen sie zusammenlebte. «Die Vergangenheit ist schön», schrieb sie, «weil man ein Gefühl nie rechtzeitig erkennt. Es macht sich später breit, & deshalb haben wir keine umfassenden Gefühle von der Gegenwart, sondern nur von der Vergangenheit.»

Geboren und aufgewachsen ist sie im viktorianischen London, im vornehmen Stadtteil Kensington, in Hyde Park Gate, einer Sackgasse. Das Elternhaus ist hoch, schmal und dunkel, «dunkel, weil die Straße so eng war, daß man beobachten konnte, wie gegenüber Mrs. Redgrave sich den Hals wusch». Über sechs Stockwerke verteilt sich die Stephen-Familie mit ihren acht Kindern – die Köchin und sieben Dienstmädchen wohnen im Souterrain – «in unzählige kleine, sonderbar geschnittene Zimmer, in die drei Familien ihre sämtlichen Besitztümer gestopft hatten. Wenn man in den Schränken kramte, wußte man nicht, ob man den Priesterkragen meines Vaters oder ein Blatt mit Zeichnungen von Thackeray ans Tageslicht beförderte …» Es gab keinen Strom, nur ein einziges Badezimmer und drei Spülklosetts.

Beide Eltern waren schon einmal verheiratet gewesen. Mit seiner ersten Frau, einer Tochter von Thackeray, hatte der Vater eine behinderte Tochter, Laura. Virginias Mutter, Julia Duckworth, brachte drei Kinder mit in die zweite Ehe, George, Stella und Gerald. Vier gemeinsame kamen dazu: Vanessa, Thoby, Virginia und Adrian.

Leslie Stephen besaß außer zwei Stadthäusern ein stattliches Anwesen in St. Ives, wo die Familie bis zum Tode der Mutter jedes Jahr die Sommerferien verbrachte, «ein quadratisches Haus mit einer idealen Aussicht auf das Meer». Für die Kinder war es ein «unschätzbares Geschenk». Die Ferien in Cornwall waren magische Momente. Noch die erwachsene Virginia Woolf sehnte sich an diesen Ort am Meer zurück. Ihre Romane siedelte sie entweder in einer großen Stadt oder an einsamen Küsten an – der Kontrast zwischen Meer und Metropole, zwischen patriarchalisch-rationalem Stadtleben und weiblich-intuitivem Naturempfinden beflügelte ihre Phantasie.

Als Virginia zur Welt kommt, ist der Vater fünfzig. Über dreißig Bücher hat er veröffentlicht, als Literatur- und Religionskritiker, Philosoph, Historiker und Biograph zählt er zu den führenden Köpfen seiner Zeit. Die aus Schottland stammenden, calvinistischen Stephens hatten bedeutende Juristen und Verwaltungsbeamte hervorgebracht, aber auch eine Reihe von Geisteskranken. Als Virginia fünf war, verfolgte ihr Onkel James Kenneth Stephen die Stiefschwester Stella «wie ein unter Hochdruck stehender Bulle»; er hungerte sich schließlich in einer geschlossenen psychiatrischen Anstalt zu Tode.

Leslie Stephen sah aus wie ein alttestamentarischer Patriarch. Er war ein hagerer Mann mit flachem Schädel, blauen Augen und struppigem Bart, emotional zurückgeblieben und physisch robust: frühmorgens in Cambridge aufzubrechen und, nach sechzig Kilometer Fußmarsch, rechtzeitig zum Dinner in London zu erscheinen, war nichts Besonderes für ihn. Statt nach dem Studium die vorgezeichnete Theologenlaufbahn einzuschlagen, bekannte er sich, zum Entsetzen der Familie, als Agnostiker und verabschiedete sich erst einmal nach Amerika. Wieder in London, schrieb er sich, nach stockenden Anfängen, mit Essays, philosophischen Abhandlungen und biographischen Werken ein stattliches Vermögen zusammen. In England ist sein Ruhm verblaßt; nur eine gelehrte Untersuchung der englischen Geistesgeschichte des 18. Jahrhunderts (*A History of English Thought in the 18th Century*, 1876) und das monumentale *Dictionary of National Biography* haben ihn überlebt. Er begann damit 1882, in Virginias Geburtsjahr; nach zehn Jahren, in denen er 378 Kurzbiographien verfaßt hatte, gab er die Redaktion ermattet ab.

Der distinguierte Sir Leslie, zu dessen Freunden George Eliot, Thomas Hardy und Henry James zählten, war, so urteilte Virginia später schroff, als Familienoberhaupt «spartanisch, asketisch und puritanisch; er gab sich, als sei er ein Genie, war aber im Grunde wohl doch nur zweitrangig. Er hatte kein Empfinden für Malerei, kein Ohr für Musik, keinen Sinn für den Klang der Sprache» – ein wehleidiger und streitsüchtiger Griesgram, angewiesen auf die tägliche Aufmunterung durch die Frauen seiner Großfamilie. In einem hellsichtigen Brief nannte er sich selbst einen «nonkonformistischen, trockenen Gelehrten», der eigentlich nicht für die Ehe tauge.

12

Als seine zweite Frau starb, bestand er darauf, daß die Stieftochter Stella den Haushalt führte, und sträubte sich zäh gegen ihre Heiratspläne. Und als Stella bald nach der Hochzeit an einer zu spät erkannten Bauchfellentzündung starb, mußte Vanessa die Rolle der Wirtschafterin übernehmen; als sie versagte, Virginia. Er war larmoyant und cholerisch; jedesmal, wenn ihm die Töchter die wöchentliche Abrechnung des Haushaltsgeldes vorlegten, machte er ihnen eine Szene. «Er setzte seine Brille auf, sah die Zahlen, und schon sauste seine Faust auf das Kontobuch herunter. Dann ein Aufheulen, seine Adern schwollen an, sein Gesicht wurde puterrot, er brüllte: ‹Ich bin ruiniert!› und schlug sich auf die Brust.»

Virginia hat ihrem Vater in der Figur des Mr. Ramsay in dem Roman «Zum Leuchtturm» ein wenig schmeichelhaftes Denkmal gesetzt. Für sie war er «eine patriarchalische Maschine, dieser arme, alte Wicht, mein Vater: mit fünfundsechzig sein eigener Gefangener. In unserem Wohnzimmer in der Hyde Park Gate standen sich zwei Zeitalter gegenüber: das viktorianische und das eduardische. Wir waren nicht seine Kinder, wir waren seine Enkel.» Sie verachtete sein Philistertum – und war doch in ihrer analytischen Intellektualität, ihrem Kunst- und Literaturverständnis ganz die Schülerin und Tochter. Die Mutter gab ihr Privatstunden in Latein, Französisch und Geschichte, Griechisch lernte sie von Hauslehrerinnen, Mathematik vom Vater. Er ließ sie früh den Gesprächen der Künstler und Gelehrten in seinem Salon zuhören und ganz ohne Zensur in seiner stattlichen Bibliothek stöbern. Leslie Stephen verbot seinen Töchtern das Rauchen, ließ ihnen aber jede intellektuelle Freiheit. «Es waren Freiheiten, die mehr wert waren als tausend Zigaretten. Er war ein bewundernswerter Mann, und doch aus irgendeinem Grund entsetzlich», schrieb Virginia noch kurz vor ihrem Tode. Leonard Woolf formulierte vornehmer: «Leslie Stephen war ein höchst bemerkenswerter Charakter, einer dieser bärtigen, eindrucksvoll viktorianischen alten Gentlemen von körperlicher und geistiger Distinktion, in deren Gesicht die Sorgen der ganzen Welt die Züge leidender Nobilität gezeichnet hatten. Man mußte ihm alles in ein Hörrohr brüllen, damit er überhaupt etwas mitbekam, und wie viele vornehme alte viktorianische Herren stöhnte er immerzu. Er hatte keine Hemmungen zu stöhnen und ganz laut vor sich hinzureden, was er gerade dachte, weil er glaubte, niemand könne ihn hören.»

Virginia Woolf hat sich emphatisch als Erbin der weiblichen Linie gesehen. Julia Prinsep Jackson Duckworth, ihre Mutter, war in Indien zur Welt gekommen, als Tochter eines hohen Kolonialbeamten. Schlank und hochgewachsen, galt sie mit ihren ernsten, marmornen Gesichtszügen als eine so klassische Verkörperung des viktorianischen Schönheitsideals, daß sie dem Präraffaeliten Edward Burne-Jones Modell für ein Altarbild der Jungfrau Maria saß. Auf den vielen Fotos, die ihre Schwester Julia Cameron, eine Pionierin der englischen Fotografie, von ihr gemacht hat, lächelt sie nie. Zur Ehe mit dem kränkelnden Witwer Stephen, dessen agnostische Schriften sie bewunderte, hat sie sich, so heißt es, aus intuitiver Leidensbereitschaft entschlossen. Henry James, ein Freund der Familie, wunderte sich, wie willig sie sich als «Gefäß für Leslie Stephens unerträgliche Dumpfheit» zur Verfügung stellte. Ergeben und entsagungsvoll fügte sie sich in die Rolle des Mädchens im Leben des berühmten Mannes: «Tee einschenken, Erdbeeren und Schlagsahne reichen, demütig und ehrfurchtsvoll den weisen Reden der Männer lauschen.»

Julia Duckworth konnte ausgelassen und streng sein, geduldig und verständnisvoll, aber auch verletzend herb. Geistige Interessen und sprachliche Gewandtheit waren der praktischen, von der dienenden Rolle des Weibes überzeugten Gattin nicht gegeben; sie hat kein Tagebuch geführt, keine Autobiographie hinterlassen, aber einen Aufsatz über

Altenpflege und Geschichten zum Vorlesen für Kinder geschrieben.

Am 5. Mai 1895, kaum neunundvierzigjährig, starb sie an «Influenza». Sie hatte ihre Gesundheit der Familie geopfert: die selbstauferlegte Pflicht, einen von Selbstzweifeln gepeinigten Gatten aufzurichten und acht Kinder, die eigenen Eltern und eine Unzahl von Verwandten zu bemuttern, war über ihre Kräfte gegangen. Virginia – die später programmatisch erklären sollte: «als Frauen denken wir zurück durch unsere Mütter» – hat sie den «Engel des Hauses», aber auch eine «schwierige Frau» genannt. Daß der Vater 1904 an Magenkrebs stark, war für sie eine Erlösung («er hätte schließlich auch sechsundneunzig werden und mein ganzes Leben ruinieren können»); der Tod der Mutter («die größte Katastrophe, die uns treffen konnte») stürzte die Familie in orientalische Finsternis. Bis in ihr vierzigstes Lebensjahr fühlt sich Virginia von Julias Gegenwart verfolgt. «Sie war eine unsichtbare Präsenz. Ich hörte ihre Stimme, sah sie vor mir, stellte mir vor, was sie tun oder sagen würde, während ich meinen täglichen Geschäften nachging.»

Julia Stephens letzte Worte an ihre Tochter waren: «Halt dich gerade, mein Zicklein!» Als Virginia sie nach einigen Stunden noch einmal küßte, war ihr, so schreibt sie später, als küsse sie kaltes Eisen. «Mein Vater taumelte aus dem Schlafzimmer. Ich streckte die Arme aus, um ihn aufzuhalten, doch völlig verstört rannte er an mir vorbei und schrie etwas, das ich nicht verstehen konnte.» Was sie von Mrs. Ramsay in «Zum Leuchtturm» sagt, klingt wie ein Epitaph auf die eigene Mutter: «Sie bedauerte die Männer, weil ihnen etwas zu fehlen schien, aber nie die Frauen – sie schienen im Gegenteil etwas zu besitzen.»

Verwaist, aber finanziell gut abgesichert – der Vater hatte den Kindern vierhunderttausend Pfund hinterlassen – gaben die Stephen-Kinder Hyde Park Gate auf und mieteten ein großes Haus im modischen Künstlerviertel Bloomsbury, am

Gordon Square (für Virginia war es der «schönste, romantischste Platz der Welt»). Die Geschwister reisten nach Florenz und Venedig, wo Vanessa aufblühte, Virginia aber, als die erste Begeisterung verflogen war, einen Nervenzusammenbruch erlitt. Nach der Rückkehr verschlimmerte sich ihr Zustand; sie hörte Stimmen, schlug um sich, versuchte, aus dem Fenster zu springen, und weigerte sich zu essen. Die siebzehn Jahre ältere Violet Dickinson, eine Quäkerin, in die sich Virginia romantisch verliebte, nahm sie zu sich. Die Genesung dauerte Monate – «den ganzen Sommer war sie verrückt», schrieb der Neffe Quentin Bell 1972 in der ersten autorisierten Virginia Woolf-Biographie.

In ihrer neuen Umgebung gewöhnten sich die Geschwister auch an einen neuen Lebensstil. Thoby, der ältere Bruder, gab den Ton an, die Schwestern bewunderten ihn. Seit er in Cambridge Griechisch studierte und seine blitzgescheiten Kommilitonen Lytton Strachey, Saxon Sydney-Turner, Clive Bell, Duncan Grant und Leonard Woolf nach London zu den berüchtigten Donnerstags-Parties am Gordon Square mitbrachte, wurde aus dem «tolpatschigen, melancholischen, dicken kleinen Jungen», der zu Tobsuchtsanfällen neigte und in der Schule nicht mitkam – in Eton fiel er durch die Aufnahmeprüfung –, ein intellektuelles Leitbild, namentlich für Virginia. Auf einer Reise durch Griechenland erkrankte er an Typhus und starb kurz nach der Rückkehr, zum Entsetzen der Geschwister. Verstört zog Virginia, zusammen mit dem jüngeren Bruder Adrian, in ein kleineres, aber immer noch geräumiges Haus am Fitzroy Square.

Die engste Beziehung hatte Virginia zu der älteren Schwester Vanessa. Mit ihr war sie seit frühester Kindheit ebenso intim wie konfliktreich verbunden; fast war es ein Liebesverhältnis, in dem Rivalität und Zärtlichkeit, Nähe und Schroffheit einander stürmisch abwechselten. Die malende Vanessa – sie nahm Zeichenunterricht an der Royal Academy – und die schreibende Virginia wetteiferten mit-

16

Die beiden Stephen-Schwestern, Vanessa (links) und Virginia (rechts), rahmen die Stiefschwester Stella Duckworth ein. 1896, nach dem Tod der Mutter.

einander. Als Vanessa, gleich nach Thobys Tod, den paus-
bäckigen, wohlhabenden Kunstkritiker Clive Bell heiratete,
begann die eifersüchtige Virginia eine Affäre mit dem flirt-
bereiten Ehemann. Vanessa ihrerseits machte aus ihrer Geringschätzung «des Juden Leonard Woolf» keinen Hehl,
selbst wenn sie aus taktischen Gründen zur Ehe riet; auch
gegenüber Vita Sackville-West, mit der Virginia später eine
heftige Liebesbeziehung einging, blieb sie spürbar reserviert.
Trotz irreparabler Trübungen des Verhältnisses schrieb Virginia der Schwester unverdrossen: «Außer Leonard ist mir
im Leben niemand wichtiger als du es bist.»

Die spottlustigen Stephen-Kinder hatten schon in der
Hyde Park Gate mit ihren biederen Duckworth-Stiefge-
schwistern wenig im Sinn – «unten im Haus herrscht Kon-
vention, oben der pure Intellekt». Als Virginia geboren
wurde, war George Duckworth vierzehn, Stella dreizehn
und Gerald zwölf. George, weich und dümmlich, brachte es
zum Privatsekretär von Austen Chamberlain. Stella, schön
und romantisch, hatte von der Mutter den prüden Horizont
und das karitative Bedürfnis geerbt. Ihre lange Romanze und
kurze Ehe mit dem Rechtsanwalt Jack Hills hinterließ in
Virginias jugendlichen Vorstellungen von Liebe und Erotik
Spuren, tiefere womöglich als die Sex-Erlebnisse mit den
Duckworth-Jungen. Vom folgenreichen ersten hat sie in der
«Skizze der Vergangenheit» aufgewühlt berichtet; inzwischen weiß jeder, wie Gerald die erschrockene Sechsjährige
auf eine Abstellplatte für Geschirr hob und sie befingerte.

Virginia Woolf hat in ihren Briefen und Tagebüchern keinen Zweifel daran gelassen, daß es vor allem die Stiefbrüder
waren, die an ihren ersten psychischen Krisen die Schuld trugen. George hatte sich angewöhnt, sie zu streicheln und, wie
Quentin Bell sich ausdrückt, «an ihr herumzufummeln,
wenn sie über ihren Aufgaben saß»; die abendlichen Liebko-
sungen auf dem Bett bei Gutenachtsagen waren, so scheint
es, die natürliche Fortsetzung seiner brüderlich-inzestuösen

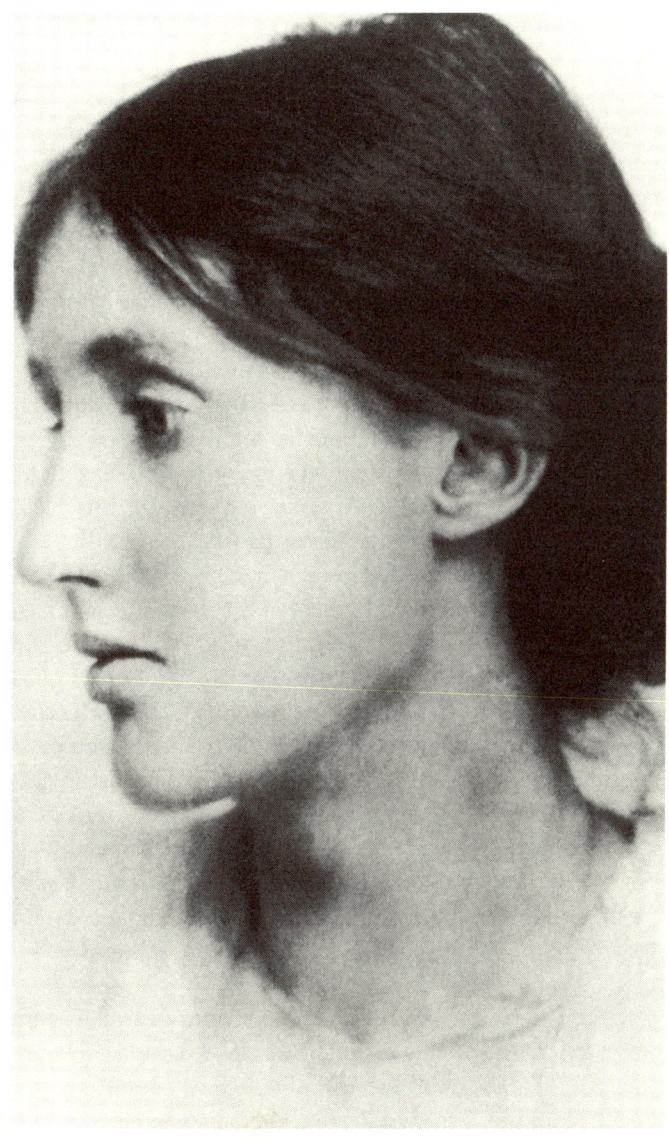

Virginia Stephen 1903: eines der berühmten Profil-Bilder des Fotografen
C. G. Beresford, das später zum Kult-Poster werden sollte.

Sinnlichkeit. Virginia, von Natur aus scheu und empfindlich, reagierte fortan auf physische Avancen mit Angst und Abwehr. «Frauen liegen mir mehr als diese leblosen Geschöpfe!» Mit Vanessa konnte sie solchen Situationen unbändige Heiterkeit abgewinnen und über Läppisches Tränen lachen. In einem Artikel für den «Guardian» räsonierte sie über Humor und Komik, die sich für sie eher in Frauen verkörperten – «ihr Blick ist ungetrübt von Gelehrsamkeit, ihre Gehirne sind nicht mit Theorien verstopft, und deshalb werden sie auch in der Welt der Wissenschaft mißtrauisch betrachtet». Mit Spott überschüttete sie die männlichen Nutznießer eines Erziehungsideals, das Frauen von der höheren Bildung ausschloß; den blutleeren, maulfaulen Jünglingen aus Cambridge stellte sie spontane, unverbildete, weibliche Artikuliertheit gegenüber. Virginia Stephen war entschlossen, um jeden Preis Schriftstellerin zu werden. Ihre literarische Karriere hatte sie, mit siebzehn Jahren, als Kritikerin begonnen. Schwache Bücher dienten ihr dazu, eigene Maßstäbe zu entwickeln, an Meisterwerken schärfte sie die Sicherheit des Urteils.

Bloomsbury, die Gegend wie der «genius loci», erwies sich als erregendes Umfeld, «unvergleichlich interessanter als Kensington. Wir waren entschlossen, ohne Damastservietten auszukommen, zu malen, zu schreiben und nach dem Abendessen Kaffee statt um neun Uhr Tee zu trinken. Wir gingen zum Lunch und zum Dinner aus, stöberten in Buchhandlungen, besuchten Konzerte und Galerien, und wenn wir spät nach Hause kamen, saß im Salon das seltsamste Gemisch von Leuten.»

Virginia gehörte zum Kern der Bloomsbury-Familie – und setzte sich unmerklich von ihr ab. Seit 1911 hatte sie Telefon, Mayfair 797. Sie genoß die Unbürgerlichkeit des Wohnens, die Beiläufigkeit der Geselligkeit, die neuen Freiheiten der Garderobe – Thobys Freunde findet sie «angenehm schmuddelig» –, den philosophischen Anspruch der Gespräche, das

kecke Ausräumen von Tabus. Die Köchin im Haus am Fitz-
roy Square servierte die Butter in runden Klümpchen, mit
denen sich Virginia und Adrian, wenn ihnen im Streit die
Argumente ausgingen, so heftig bewarfen, «daß die Wände
mit Fettflecken bekleckert waren». Als Lytton Strachey auf
Vanessas Kleid weiße Spuren zu erkennen glaubt und lässig
«Sperma?» fragt, sind die letzten Schranken gefallen, der
Geist der Moderne ist in Bloomsbury eingezogen.

«Sex beherrschte die Unterhaltung. Wir diskutierten über
den Beischlaf mit der gleichen Begeisterung, mit der wir uns
über das Wesen des Guten gestritten hatten.» Während Virginia es beim Diskutieren beließ, kopulierte Vanessa, so ging
das Gerücht, vor aller Augen in ihrem Salon mit dem Volks-
wirtschaftler Maynard Keynes. In Bloomsbury scherte man
sich nicht um Anstand und Sitte, fühlte sich über die Welt
der Philister erhaben, pfiff auf die öffentliche Meinung und
gab die geheiligten Traditionen des britischen Weltreichs
der Lächerlichkeit preis. Im Februar 1910 verkleideten sich
Virginia und ihre Freunde als Neger, kündigten sich dem
Marineministerium telegraphisch als offizielle abessinische
Delegation an und besichtigten unter protokollarischen Eh-
renbezeigungen in Portsmouth die «Dreadnought», das
Flaggschiff der britischen Kriegsmarine. Die Wut der bla-
mierten Instanzen war groß, die Zeitungen mißbilligten den
Spaß als geschmacklos.

Der Geist von Bloomsbury ist als zynisch, weltfremd und
elitär kritisiert worden; daß er in jenen Jahren mit dem Geist
der Moderne fast identisch war, ist kaum bestreitbar. Atonale
Musik, die Bilder von Matisse und Picasso, die symbolisti-
sche Lyrik, der experimentelle Roman – allen diesen Formen
des Aufbruchs ist der radikale Zweifel am Wert von Autorität und Tradition gemeinsam. «What exactly do you
mean?» war nicht umsonst die Erkennungsfrage der Bloomsbury-Intellektuellen.

Auf der Woge modischer Begeisterung für die erotischrauschhafte Musik Richard Wagners reisten Virginia, die nicht eigentlich musikalisch war, der Altphilologe Saxon Sydney-Turner, ein Freund von Thoby, und Bruder Adrian nach Bayreuth. Sie sahen «Parsifal» und «Lohengrin», in Dresden Richard Strauss' «Salome», fanden die Deutschen, deren Sprache sie nicht verstanden, «ungemein häßlich», das Essen grob, die Unterkünfte miserabel – «die Plumpheit der Deutschen ist erstaunlich». Leonard Woolf mißbilligte Wagner zutiefst: «Ich finde den Ring der Nibelungen unerträglich monoton und langweilig. Die Deutschen haben im 19. Jahrhundert eine Tradition, eine Lebensphilosophie und Kunst entwickelt, die barbarisch, prunkhaft und unecht ist. Wagner war sowohl Ursache als auch Wirkung dieser widerwärtigen Entwicklung», schreibt er in seiner Autobiographie.

Als der Kunstkritiker und Maler Roger Fry 1910 in London die Ausstellung «Manet und die Post-Impressionisten» organisierte, reichte die Reaktion des insularen britischen Kultur-Establishments von blankem Unverständnis zu schroffer Ablehnung: dem Kunstverständnis der Empire-Gründer, das sich vorwiegend in einem historischen Realismus artikuliert hatte, mußten die Bilder der avantgardistischen Franzosen wie Teufelswerk erscheinen. Virginia Woolfs lapidare Feststellung, im Dezember 1910 habe sich der menschliche Charakter verändert, zielt auf die Erschütterung der ästhetischen Maßstäbe durch diese Ausstellung, aber auch auf die Kluft, die nun in England zwischen den konventionellen Romanen von Wells, Bennett oder Galsworthy und den hermetischen Texten von James Joyce oder T. S. Eliot aufbricht.

Zu den Kommilitonen in Cambridge, von denen Thoby seinen Schwestern begeistert erzählte, gehörte auch ein «merkwürdiger, ungestümer Mann von hohen Geistesgaben, ein erstaunlicher Bursche, ein Jude, der fortwährend am ganzen Leib zittert». Virginia erinnerte sich später, daß der Bruder ihr auf die Frage, warum denn der junge Mann, Leonard

Woolf, so zittere, geantwortet habe: «Es gehört zu seinem Charakter. Er ist so heftig und wild, weil er die ganze menschliche Rasse verachtet!» Von diesem Mann wollte sie mehr wissen. Es hieß, daß er eines Nachts geträumt habe, er wolle einen Mann erdrosseln; beim Aufwachen merkte er, daß er sich in seinem wilden Traum den eigenen Daumen ausgerenkt hatte. «Ich war natürlich von lebhaftem Interesse an diesem wilden, zitternden, misanthropischen Juden beseelt, der bereits seine Faust gegen die Zivilisation erhoben hatte und der im Begriff stand, in die Tropen zu verschwinden, so daß keiner von uns ihn je wiedersehen würde.»

Der ehrgeizige Leonard Woolf hatte in Cambridge ein so schwaches Abschlußexamen gemacht, daß ihm nur die dürftig bezahlte Lehrer-Laufbahn oder der nicht sehr angesehene Außendienst als Kolonialbeamter übrig blieb. Er entschied sich für eine Stelle in Ceylon. Am Vorabend seiner Abreise in die Tropen war er bei den Stephens in London am Gordon Square eingeladen. Virginia, blaß und kränklich, sagte während der ganzen Mahlzeit kein einziges Wort, versuchte aber anschließend, Näheres über den seltsamen Gast zu erfahren, woraufhin Lytton Strachey ihr erklärte, sein Freund Woolf habe starke Ähnlichkeit mit dem Satiriker Jonathan Swift; im übrigen werde er, falls er je heiraten sollte, seine Frau mit Sicherheit umbringen.

Als drittes von neun Kindern des Rechtsanwalts Solomon Rees Sydney Woolf war Leonard Woolf am 25. November 1880 in der West Cromwell Road in London zur Welt gekommen. Aus der alteingesessenen, orthodoxen jüdischen Handwerkerfamilie Woolf stammte eine Reihe von tüchtigen Schneidern und Textilhändlern. Leonards Vater, ein zielstrebiger, arbeitswütiger, tuberkulöser, zum Jähzorn neigender Jurist, war ein sozialer Aufsteiger, der früh den Weg zu Geltung und Einfluß entdeckt hatte. Er war ein erfolgreicher Konkursanwalt und schon in jungen Jahren «QC» geworden, Queen's Counsel, angesehener Berater und gerichtlicher

Vertreter der Krone. In Kensington, 101 Lexham Gardens, fünf Minuten vom Stephenschen Haus in Hyde Park Gate entfernt, hatte er sich ein stattliches Anwesen gekauft. Der Literat Leslie Stephen konnte in seinem schmalen Haus keine Kutsche unterbringen; der Anwalt Sydney Woolf ließ sich mit Behagen im eigenen Zweispänner in die Kanzlei kutschieren. Wie Virginias Eltern, fuhren auch die Woolfs jedes Jahr mit Kind und Kegel, Sack und Pack in die Sommerferien, und auch bei den Woolfs gab es so etwas wie eine satirische Familienzeitung, die «ZN» («Zoological News»). Leonards älteste Schwester, Bella, war 1877 geboren; danach kam, bis zum jüngsten Bruder Philip (1889 geboren), fast jedes Jahr ein neues Kind hinzu. Im geräumigen Haus der Woolfs schliefen Diener, Koch und Kutscher im Keller, die Mägde auf dem Dachboden; dazwischen lagen die Kinderzimmer, das Elternschlafzimmer im ersten Stock und die Wohnräume im Erdgeschoß.

Als Leonard elf war, starb der Vater plötzlich an Herzversagen. Da er keine Ersparnisse hinterließ, mußte die Familie aus Kensington in den Vorort Putney umziehen. Bei den Kindern löste der abrupte Übergang vom Wohlstand zur Ärmlichkeit – statt acht Dienern hatte man jetzt nur noch drei – einen Schock und die lebenslange Furcht vor finanzieller Unsicherheit aus; beim melancholischen Leonard bestärkte der Tod des Vaters das Gefühl der eigenen Überflüssigkeit und die Überzeugung, daß Optimisten Narren sind.

Leonard hat seinen strengen Vater bewundert, aber auch aus kritischer Distanz gesehen. «Er verdiente ungeheuer viel Geld und gab es restlos aus – für ein zu großes Haus, mit zu vielen Kindern und zu vielen Dienstboten.» Es galt als ausgemacht, daß auch Leonard Jurist werden würde. «Ich glaube, mein Vater war stolz auf mich, weil ich als kleiner Junge klug und zurückhaltend, aber auch sehr heftig war, ihm also ähnelte.» Vom Vater hatte er das nervöse Zittern der Hände, störrischen Eigensinn und eine an Arroganz grenzende intellektuelle Ungeduld geerbt.

Die Mutter Marie war eine geborene de Jongh; sie entstammte einer jüdischen Kaufmannsfamilie aus Amsterdam, die erst seit einer Generation in England lebte. Sie hatte neun Geschwister. Sydney Woolf war ihr zweiter Mann. Weich und kraftlos, abhängig von der Liebe ihrer Kinder, war sie der Gegenpol zum Vater. Leonards Verhältnis zu ihr war gespalten; er glaubte, sie liebe ihn nicht genug, sei egozentrisch, könne keine Kritik vertragen und lebe in einer Traumwelt. Marie Woolf muß aber auch praktisch und lebensklug gewesen sein, herzlich im Umgang mit den Kindern, energisch mit dem Dienstpersonal. Es war gewagt, daß sie den bescheidenen Rest des Familienvermögens in die Erziehung der Kinder investierte – in der Hoffnung, sie würden sich und ihre Mutter eines Tages aus eigener Kraft unterhalten können. Die Rechnung ging auf, aber wohl nur, weil vier der Woolf-Söhne Stipendien für eine teure Privatschule erhielten, drei von ihnen, darunter Leonard, sogar für einen Studienplatz in Cambridge.

Virginia tat sich mit ihrer Schwiegermutter schwer. Vor allem wohl deshalb, weil sie ihr wie eine Karikatur der eigenen Mutter vorkam, aber auch wegen ihrer strikten Einhaltung jüdischer Bräuche. Als sie zum erstenmal bei den Woolfs zum Essen eingeladen war, wurde ihr bedeutet: «Schinken und Muscheln gibt es in diesem Hause nicht.» Virginia fand solche Orthodoxie befremdlich, Mrs. Woolf bizarr und unsympathisch. Sie mokierte sich darüber, wie Leonards Mutter mit Hängebacken, roter Nase und billigen Ohrringen am Kamin saß, in einen abgewetzten Pelzkragen gehüllt, eine häßliche Haube auf dem Kopf, zu große Schuhe an den Füßen, und sich beklagte, daß ihr «Len» sich nicht genug um sie kümmere. Das ewige Lamentieren, der groteske Stolz auf die eigene Familie, das Desinteresse am Leben der Schwiegertochter gingen dieser stark auf die Nerven, und es hat lange gedauert, bis sie sich zu versöhnlicheren Tönen durchringen konnte: «Die alte Mrs. Woolf entwickelt eine Würde und einen Charme, den ich früher an ihr nicht entdecken konnte – sie ist menschlicher, gelassener und weiser geworden, nach all den Krankheiten, Streitigkeiten und Problemen in der Familie.»

Wie alle seine Geschwister, wurde auch Leonard zu Hause von Privatlehrern unterrichtet. Mit zwölf kam er auf eine teure Internatsschule in Brighton, wo er bald Schulsprecher wurde. In seiner Autobiographie hat er berichtet, wie er «den laxen Zuständen an dieser Schule ein Ende gemacht hat, durch Übertragung der eigenen Zucht und Disziplin auf die anderen». Noch als alter Mann erzählte er einem Fernsehreporter: «Ich war gerne das, was man einen ‹Streber› nennt; es machte mir nichts aus, daß ich dafür verachtet wurde.» Von Brighton kam er nach St. Pauls, auf eine der ältesten und angesehensten Londoner Public Schools, deren Zöglinge vor allem in Griechisch und Latein getrimmt wurden. Als Leonard 1899 einen freien Studienplatz in Cambridge bekam, war klar, daß er dort alte Sprachen studieren würde.

Weil er schon auf der Schule nur mit wenigen Mitschülern auskam und allgemein unbeliebt war, hatte er sich ein starres Mienenspiel zugelegt, hinter dem er die meisten seiner Reaktionen verbarg. Leonard Woolf ist das Gefühl, von den Mitmenschen mißbilligt und abgelehnt zu werden, nie losgeworden; er erklärte es jedoch nicht mit eigenen Mängeln, sondern mit der britischen Abneigung gegen den Typ des Intellektuellen, als dessen reine Ausprägung er sich verstand. Um sich gegenüber Mitschülern und Kommilitonen und später in der Welt der englischen Oberschicht zu behaupten, spielte er den sarkastischen Zyniker und robusten Naturfreund, tat sich beim Cricket- und Rugby-Spiel hervor und übte sich in den unterschiedlichsten Formen vorgetäuschter Anpassung. Cambridge war für ihn die schönste Zeit seines

Lebens. «Das Herrliche an Trinity College war, daß man, statt sich isoliert zu fühlen, Freunde mit den gleichen Interessen und Vorlieben hatte, die einen nicht verachteten, weil man ein Intellektueller war. Es waren Menschen, die sich gegen die viktorianischen Werte auflehnten, ungewöhnliche, bemerkenswerte Menschen. Lytton Strachey, Saxon Sydney-Turner, Thoby Stephen, Clive Bell und ich waren eng miteinander befreundet.» Der Stolz, von Menschen dieses sozialen und geistigen Ranges anerkannt zu werden, ist unüberhörbar.

Noch stolzer war Leonard auf seine Mitgliedschaft bei den «Aposteln», einem 1820 gegründeten Geheimbund und Debattierclub von hochbegabten Studenten und Dozenten, der sich seine Mitglieder sorgfältig selber aussuchte. Während des Semesters tagte man jeden Samstag und diskutierte bei Tee und Anchovis-Toast nach einem festen Ritual ohne Rücksicht auf Tabus über philosophische und literarische Themen. Das bewunderte Vorbild der Apostel war damals der Philosophie-Professor G. E. Moore, dessen Ethik die Apostel und später die ganze Bloomsbury-Gruppe prägte. Drei seiner Überzeugungen lauteten: 1) Jeder Gedanke muß sich klar und einfach ausdrücken lassen. 2) Jede Antwort setzt eine genau formulierte Frage voraus. 3) Überlieferte Meinungen sind abzulehnen, wenn sich ihre Wahrheit nicht eindeutig beweisen läßt. Wer diese Grundsätze konsequent anwendete, mußte, wenn er nichts Wichtiges zu sagen hatte, schweigen. Vanessa und Virginia Stephen, die dazu erzogen waren, eine Konversation um jeden Preis in Gang zu halten, hatten mit Thobys wortkargen Freunden ihre Probleme. Leonard Woolf war ein begeisterter Anhänger von G. E. Moore. «Dieser brillante Philosoph besaß nicht nur einen erstklassigen Verstand und eine ungewöhnliche Einbildungskraft, er hatte auch einen bemerkenswerten Charakter und machte auf alle, denen er begegnete, einen unauslöschlichen Eindruck.» Moore seinerseits hielt Kontakt mit Woolf: er schrieb seinem ehemaligen Studenten und Mit-Apostel unbeholfene Briefe nach Ceylon, wohin dieser im November 1904 «in furchtbarer Geistesverfassung», zusammen mit einem Foxterrier und siebzig Bänden Voltaire, auf dem Dampfer «Syria» aufgebrochen war. Leonard hatte sich vorgenommen, ein Leben im Sinne G. E. Moores zu führen. Auch wenn er den Kolonialdienst als «arroganter, eingebildeter, jähzorniger, verbitterter und enttäuschter junger Mann» antrat, war er doch entschlossen, aus der mißlichen Konstellation das Beste, nämlich eine Karriere zu machen, sich zu bewähren und hervorzutun. In Jaffna, der ersten Station, lernte er Tamil und modernisierte die Verwaltung des Bezirks. Nach Kandy versetzt, übt er sich in der Kunst, seinen Vorgesetzten zu gefallen – er hält sie für «eine korrupte Bande degenerierter Schwachsinniger» – und zeigt sich als überaus geschickt im Umgang mit ranghohen Besuchern wie der ehemaligen Kaiserin Eugenie. Schon nach einem Jahr wird er befördert. Als einer der jüngsten Kolonialbeamten des Landes geht er als Acting Government Agent nach Hambantota im Süden von Ceylon, wo er für einen Bezirk von tausend Quadratkilometern und hunderttausend Einwohnern verantwortlich ist. In Hambantota wird aus dem lebhaften, begeisterungsfähigen Studenten Leonard Woolf ein wortkarger Administrator mit strenger Miene, ein Beamter, der zäh und bis zur Erschöpfung seine Pflicht erfüllt, mit den Singhalesen in der Landessprache verhandelt und sein Ziel, den Bezirk zum besten des Landes zu machen, beharrlich bis zur Rücksichtslosigkeit verfolgt. Daß er von den Bewohnern wenig hält, zeigt er ungeniert. Er findet nichts dabei, daß sein Hund Ceylonesen anpinkelt, zwingt einen Diener, dem seine Kaste dies verbietet, Ausgespienes aufzuwischen – er behandelt seine Untergebenen mit der ganzen Herablassung des weißen Kolonialherrn. Während seiner Amtszeit erhöht sich die Salzproduktion von Hambantota um das Doppelte, die Rinderpest geht zurück. Woolf führt den Stahlpflug und die Dreschmaschine ein, organisiert Pilgerfahrten und Prozessionen, ist Richter, Landrat, Polizist, kauft kistenweise Whisky, spielt Tennis, Golf, Bridge und Cricket, er reitet, jagt, läßt Huren kommen, verbessert sein Gehalt mit Wetten, ist angeekelt, verzweifelt, übermütig und begeistert von der Tropeninsel, aber auch skeptisch, was die britische Präsenz in der Kronkolonie angeht. Demokratie für die Ceylonesen erscheint ihm abwegig: er ist überzeugt, daß sie weder billigen noch begreifen, was die Engländer in ihrem Lande wollen. Den Freunden in der Heimat schreibt er angewiderte Briefe über sein «stumpfsinniges, primitives Leben unter dumpfen, geistlosen Menschen»; heimlich hat er das Land längst zu lieben begonnen.

Obwohl er überzeugt war, daß es «sehr viel mehr törichte Frauen als Männer gibt», erschien ihm die Ehe als das einzige Mittel gegen jene Schuldgefühle, die ihn regelmäßig überkamen, wenn er sich mit Prostituierten eingelassen hatte. Als Lytton Strachey überlegte, ob er um Virginia Stephen anhalten sollte, und bei Leonard anfragte, ob er nicht lieber diese Dame heiraten möchte, antwortete der Gefragte: «Glaubst Du wirklich, Virginia würde mich wollen? Schick mir ein Telegramm! Wenn ja, nehme ich das nächste Schiff nach England, komme sofort zu Dir, und wir bereden alles mündlich.»

Er hatte die Stephen-Töchter erst dreimal gesehen und sich bei diesen Gelegenheiten mehr für Vanessa interessiert. «Ich fand sie schöner als Virginia, ihre Gesichtszüge waren noch vollkommener, ihre Augen größer, ihr Teint wärmer.» Daß Strachey inzwischen selber um Virginia angehalten, sich dann aber eines Besseren besonnen hatte, wußte Leonard nicht. Strachey drängt nun den Freund zur Eile: «Dein Schicksal ist Dir vorbestimmt: Du mußt Virginia heiraten. Sie wartet auf Dich. Sie ist die einzige gescheite Frau der Welt, es ist ein Wunder, daß es sie gibt. Wenn Du Dich ungeschickt benimmst, verspielst Du Deine Chance. Sie ist jung, wild, neugierig, unzufrieden, und sie sehnt sich nach Liebe. An Deiner Stelle würde ich ihr telegrafieren.»

Was Leonard auf diesen Brief hin unternommen hat, wissen wir nicht. Wahrscheinlich hat Virginia den Kandidaten im fernen Ceylon nicht ganz ernst genommen. Am 24. Mai 1911 reist der amtierende Government Agent von Hambantota nach sechseinhalb Jahren Ceylon in Heimaturlaub; siebzig Bände Voltaire, der Hund, das Pferd und die Waffen bleiben auf der Insel zurück.

# 1912: «Ich heirate Leonard Wolf, einen mittellosen Juden»

Die lange Heimreise im Juni 1911 bot Leonard hinreichend Muße, sich seine Zukunft auszumalen. Blieb er im Kolonialdienst, würde er wahrscheinlich irgendwann Gouverneur werden, Sir Leonard Woolf, geachtet und geehrt, irgendwo in den Tropen, weitab von den Menschen und Orten, die ihm etwas bedeuteten: den Freunden in Bloomsbury und Cambridge. Heiratete er Virginia Stephen – wäre er sich seiner Liebe wirklich sicher? Könnten Krankheiten, sein Tremor, ihre Nervenschwäche, die Ehe belasten? Ließen sich Temperamentsunterschiede überbrücken? Würden die Snobs in Virginias Umkreis, allesamt aus dem gehobenen Bürgertum, ihn, den mittellosen Juden aus der Mittelschicht, überhaupt akzeptieren? Zwar sicherte ihm der Status eines Kolonialbeamten eine gewisse finanzielle Unabhängigkeit, aber eine Verbindung mit der reichen Erbin Virginia bedeutete sozialen Aufstieg und würde mit einem Schlag alle materiellen Probleme aus der Welt schaffen. Alles sprach also für Virginia – und doch zögerte Leonard.

Er war inzwischen dreißig und hatte noch nie einen Menschen ernsthaft geliebt. Dafür hatte er sich eine Erklärung zurechtgelegt: «Verliebt zu sein ist im Grunde ein entwürdigender Zustand, hinter dem meist nur der Kopulationstrieb steht.» Und vom Kopulieren hielt der Kolonialbeamte nicht viel – «auf meinem Pferd in den Dschungel zu galoppieren ist ein größeres Vergnügen». Er trifft sich in dieser Einstellung mit anderen Mitgliedern des Bloomsbury-Kreises; Lytton Strachey zum Beispiel meinte, Sex sei für ihn wie ein Film, mit dem er sich die Zeit bis zur Abfahrt seines Zuges vertreibe.

Daß Leonard in Virginia verliebt war, als er nach England

31

zurückkehrte, ist wenig wahrscheinlich. Er kannte sie kaum, hatte sie zweimal in Cambridge gesehen, als sie ihren Bruder im Trinity College besuchte, und einmal in London, als er vor der Abreise nach Ceylon bei den Stephens eingeladen war. Jedesmal erschien sie ihm wie ein viktorianischer Traum in Weiß, zerbrechlich, unerreichbar vornehm. Jetzt wollte er Näheres über sie herausfinden.

Vier Tage nach seiner Ankunft in England, am 14. Juni 1911, fuhr er nach Cambridge und ließ sich von Lytton Strachey über die jüngsten Entwicklungen berichten. Am 3. Juli war er bei Vanessa und Clive Bell am Gordon Square zum Dinner eingeladen; er fand, daß sich seit seiner Abreise zwar vieles verändert hatte, die elektrisierende Bloomsbury-Atmosphäre aber geblieben war. Virginia, die nach dem Essen dazugekommen war, lud bald darauf «Mr. Wolf» (mit einem o!) in ihr Wochenendhaus in den Sussex Downs ein, aber Leonard sagte ab – er war schon mit der Tochter eines Familienfreundes verabredet, wollte mit dem Bruder Edgar nach Schweden reisen und an dem Roman «Das Dorf im Dschungel» weiterschreiben, den er in Ceylon begonnen hatte. Wieder in London, erinnerte er Virginia an ihre Einladung und besuchte sie schließlich am 18. September in ihrem Cottage in Firl. «Unterhielt mich mit V. bis nach Mitternacht», schreibt er in sein Tagebuch. Vier Wochen später traf man sich wieder, in der Oper, beim Gastspiel des Diaghilew-Balletts mit Nijinsky in Strawinskys «Feuervogel». Bei einer dieser Gelegenheiten fragte Virginia Leonard, ob er Lust habe, zusammen mit ihr, ihrem Bruder Adrian, Meynard Keynes und Duncan Grant (die beiden waren damals ein homosexuelles Paar) in das Haus 38 Brunswick Square zu ziehen, man habe noch zwei Zimmer im Obergeschoß frei. Selbst für Bloomsbury-Verhältnisse mußte diese Art der Wohngemeinschaft etwas Anrüchiges haben. Er sagte zu und bezog am 4. Dezember die angebotene Wohnung. Virginia Stephen war die Hausverwalterin, jede Woche kassierte sie die Miete persönlich (fünfunddreißig Shilling, Strom und Warmwasser inklusive). Sie hatte zwei ihrer bewährten Köchinnen und ausreichend Dienstpersonal in das neue Haus mitgenommen; auf einem Zettel im Flur setzte sie die Mahlzeiten der «Künstlerpension» auf neun Uhr (Frühstück: Spiegelei mit Schinken, Toast oder Brötchen), 13 Uhr (Lunch: Fleisch, Gemüse, Nachtisch), 16.30 (Tee: Kuchen) und 20 Uhr (Dinner: Fisch, Fleisch, Nachtisch) fest.

Das tägliche Zusammenleben brachte die Hausbewohner einander näher. Die «fremdartige, ruhige Bestie mit dem sarkastischen Blick» – so hatte Lytton Strachey Virginia genannt – verfehlte ihre Wirkung auf den düsteren Verwaltungsmenschen nicht; die Vorteile und Annehmlichkeiten eines sozialen und intellektuellen Aufstiegs waren mit Händen zu greifen. Leonard verliebte sich, sozusagen planmäßig, in seine Wirtin. In singhalesischen Schriftzeichen machte er sich Notizen über seine Gespräche mit ihr, und in einem poetischen Text entwarf er ein Bild von ihr als Aspasia, der geistvollen zweiten Frau des Perikles: «Wenn ich an Aspasia denke, denke ich an Hügel, die sich klar, aber in weiter Ferne gegen einen kalten blauen Himmel abheben, und auf denen Schnee liegt, den nie eine Sonne zum Schmelzen gebracht und auf den nie ein Mann seinen Fuß gesetzt hat ...»

Am Weihnachtstag 1911 war das Haus am Brunswick Square bei den Bells am Gordon Square zu Gast. Vanessa registrierte Leonards inzwischen unübersehbares Interesse an ihrer Schwester mit sichtlichem Wohlwollen. Der hagere, dunkelhaarige, langgesichtige Leonard mit den hellblauen Augen und der Adlernase kam ihr nach seinem Ceylon-Aufenthalt emotionaler, körperbewußter vor; sie spürte aber auch, daß gerade diese Körperlichkeit die hypersensible Virginia zusehends verwirrte; sie fand Leonard nach wie vor «fremdartig», auch wenn sie inzwischen Ähnlichkeiten zwischen ihm und dem verstorbenen Bruder Thoby entdeckt zu haben glaubte.

Virginia, sagte eine Freundin, «war damals in ihrer äußeren Erscheinung von einer herben intellektuellen Schönheit:
große, melancholische Augen unter gewölbten Lidern, mit
der Nase, den Lippen und den langen, schmalen Wangen
einer gotischen Madonna. Ihre helle, musikalische Stimme,
mit einem kehligen Einschlag, war bezaubernd. Sie war groß
und schlank und hatte überaus vornehme Hände, die sie am
Kaminfeuer zu spreizen pflegte – sie waren so durchsichtig,
daß man meinte, durch die Haut lange, zerbrechliche Kno-
chen zu sehen.»

Leonard mußte sich entscheiden, ob er nach Ceylon
zurückkehren oder den Kolonialdienst aufgeben wollte. Am
10. Januar 1912 bat er Virginia telegrafisch um ein Gespräch,
am 11. machte er ihr einen Heiratsantrag. Sie reagierte ausweichend, erbat sich Bedenkzeit. Leonard fuhr zu Freunden
aufs Land und schrieb ihr noch am gleichen Abend:

«Liebe Virginia,

bevor ich wieder ruhiger denken kann, muß ich Dir
schreiben. Ich weiß nicht mehr genau, was ich Dir heute
nachmittag gesagt habe, aber ich glaube, Du weißt, warum
ich gekommen war: nicht nur, weil ich Dich liebe, sondern
weil mich die Ungewißheit getrieben hat. Vielleicht war das
falsch – bis zu dieser Woche wollte ich Dir nichts von meinem Zustand sagen, oder nur dann, wenn ich sicher wäre,
daß Du mich auch liebst und mich heiraten willst. Ich habe
bisher immer nur geglaubt, daß Du mich magst. Wie sehr ich
Dich liebe, ist mir erst klar geworden, als wir über meine
Rückkehr nach Ceylon sprachen. Ich geriet in einen Zustand
verzweifelter Unsicherheit darüber, ob Du mich liebst oder
jemals würdest lieben können. Ich möchte nicht noch einmal durchmachen, was ich in der letzten Zeit erlebt habe, bis
ich Dir das Telegramm schickte. Ich wußte, daß Du mir ehrlich sagen würdest, was Du denkst. Du hast Dich genauso
verhalten, wie ich es mir vorgestellt habe, und hätte ich Dich
nicht schon vorher geliebt – jetzt liebte ich Dich wirklich.

Virginia und der Kunstkritiker Clive Bell, Ehemann von Vanessa. Nach der Geburt von Julian, dem ersten Kind der Bells, entwickelte sich eine Affäre zwischen Virginia und Clive.

Ich liebe Dich nicht nur, weil Du so schön bist (obwohl natürlich auch das ein Grund ist oder doch einer sein sollte), ich liebe Deinen Geist, Dein Wesen. Ich kenne niemanden, der so ist wie Du. Ich werde alles tun, was Du von mir willst. Ich glaube nicht, daß Du Dir meine Abreise wünschst, aber wenn Du willst, daß ich nach Ceylon zurückgehe, tue ich es sofort. Wenn nicht, wüßte ich nicht, warum wir nicht weiter so miteinander umgehen sollten wie bisher; mir würde es nicht schwerfallen, und wenn Du eines Tages glaubst, Du könntest mich lieben, dann sagst Du es mir. Ich weiß nicht, ob ich meine Gedanken und Gefühle richtig ausdrücke, ich bin sehr müde.»

Am nächsten Tag schrieb er ihr wieder:

«Bei Gott, ich weiß, wie riskant es ist, zu heiraten, und dann noch jemanden wie mich. Ich bin egoistisch, eifersüchtig, grausam, lüstern, ein Lügner, und wahrscheinlich noch viel Schlimmeres. Ich habe mir deshalb immer wieder geschworen, daß ich nie heiraten werde, vor allem, weil ich wußte, daß ich diese Eigenschaften im Zusammenleben mit einer Frau, die mir unterlegen ist, nie beherrschen könnte; ihre Unterlegenheit würde mich nur zornig machen. Aber weil Du mir nicht unterlegen bist, ist das Risiko gering. Du magst so eitel, egoistisch und unehrlich sein wie Du willst – das alles verblaßt gegenüber Deinen anderen Eigenschaften: Großartigkeit, Intelligenz, Witz, Schönheit, Spontaneität. Hinzu kommt, daß wir uns gut leiden können: wir mögen die gleichen Dinge und die gleichen Menschen, wir sind beide intelligent – vor allem haben wir einen Sinn für die Realität, sie ist uns wichtig.»

Virginia, von Leonards Antrag geschmeichelt und verstört, ging auf diesen Ton ein. Auch sie würde am liebsten so weitermachen wie bisher, schrieb sie, und wünscht sich, er möge ihr alle Freiheit lassen. Er solle die Sache nicht an die große Glocke hängen, sie habe nur Vanessa, und mit Absicht nicht Clive Bell davon erzählt. Vanessa hatte daraufhin an

Leonard geschrieben: «Sie sind der einzige Mensch, den ich mir als ihren Ehemann vorstellen kann.»

Virginia war sich über ihre Gefühle nicht im klaren, besonders seit sie wußte und miterlebte, in welche Turbulenzen ihre verheiratete Schwester Vanessa geraten war, die mit Ehemann Clive und Roger Fry in die Türkei gereist war und dort eine Fehlgeburt mit anschließendem Nervenzusammenbruch hatte. Virginia holte sie zurück und stellte dabei fest, daß die Kranke und ihr Pfleger Roger Fry eine leidenschaftliche Affäre begonnen hatten. Fast ein Jahr lang war Vanessa physisch und psychisch geschwächt. Virginia sah sich damals als «neunundzwanzig, unverheiratet, eine Versagerin, kinderlos, verrückt, alles andere als eine Schriftstellerin». Vanessa dagegen wünschte sich, genau wie Lytton Strachey, daß Virginia Leonard Woolf heiratete. Sie hatte ihre ganz privaten Gründe: eine verheiratete Virginia würde Clive Bell endlich in Ruhe lassen müssen.

Es gab aber noch einen anderen Grund, der für eine rasche Eheschließung sprach. Virginias Arzt, Sir George Savage, hatte Leonard in einem langen Gespräch von ihren psychischen Problemen berichtet und ihm erklärt, daß es aus gesundheitlichen Gründen ratsam für sie wäre, bald zu heiraten. Leonard, der von Lytton Strachey und anderen Freunden bereits einiges über Virginias prekäres psychisches Gleichgewicht gehört hatte, machte sich über Ernst und Ausmaß der Krankheit nur undeutliche Vorstellungen, und es ist wenig wahrscheinlich, daß ausgerechnet Vanessa ihm alle makabren Einzelheiten von Virginias früheren Krankheitsphasen erzählt hatte; immerhin verstand sie es, ihm das Gefühl zu vermitteln, daß ihre Schwester hochsensibel und überaus schutzbedürftig war.

Virginia versuchte sie davon zu überzeugen, daß das Jüdische an Leonard kein Hindernis zu sein braucht. Virginia fand nichts dabei, auf einzelne Juden wegen bestimmter, ihr unangenehm erscheinender Eigenschaften herabzusehen, und sie machte sich nichts daraus, Juden allein deshalb zu mißbilligen, weil sie Juden waren. «Ich kann diese jüdischen Stimmen nicht ausstehen», notierte sie in ihrem Tagebuch, «ich mag das jüdische Lachen nicht», und nach einem Besuch bei Leonards Eltern schrieb sie: «Ich weiß nicht, was sie an sich haben – ich versuche lieber nicht, es zu definieren. Zum Teil sind es die Stimmen, zum Teil ihre Manieren.» Daß Leonard Jude war, machte ihr lange zu schaffen und trug dazu bei, daß sie eine klare Antwort auf seinen Antrag hinausschob.

Noch 1930 gestand sie der Freundin Ethel Smyth: «Es ging mir gegen den Strich, einen Juden zu heiraten. Ich konnte ihre nasalen Stimmen und ihren orientalischen Schmuck, ihre Nasen und ihre Bärte nicht ausstehen.» Leonards Verwandte waren für sie pauschal die «Juden»; von einer Portugal-Reise schrieb sie nach Hause: «Es sind hier eine Menge portugiesischer Juden an Bord und andere unangenehme Typen – wir machen einen großen Bogen um sie.»

Derartige Äußerungen waren im Bloomsbury-Kreis nichts Ungewöhnliches. Der Antisemitismus der englischen Oberschicht war ein Ausdruck des Klassenbewußtseins und der Überlegenheitsgefühle gegenüber Ausländern. Maynard Keynes etwa pflegte nur von «Virginia und dem Juden» zu sprechen, wenn er das Ehepaar Woolf meinte, und Edmund Gosse nannte ihn unverfroren einen «perversen, halbgebildeten, widerwärtigen Deutschen, der sich mit Haut und Haar dem Bolschewismus, Mr. Joyces ‹Ulysses›, der großen sexuellen Befreiung und ähnlichen Modescheußlichkeiten verschrieben hat». Leonard war längst daran gewöhnt, solche Urteile entweder zu ignorieren oder das Thema zu wechseln. Er war kein orthodoxer, praktizierender Jude, aber doch stolz auf die großen Gestalten der jüdischen Geschichte und auf kluge und mutige Menschen wie seinen Vater.

Aus taktischen Gründen paßte er sich, wenn es ihm nötig schien, Virginias unreflektiertem Antisemitismus an; seinen eigenen Artikeln und politischen Reform-Aktivitäten ist deutlich anzumerken, wie sehr er sich wegen seiner Rassenzugehörigkeit benachteiligt fühlte. Als assimilierter, entwurzelter Jude blieb er in Virginias Kreisen eine Zielscheibe des Spotts; er merkte kaum noch, wenn seine Frau von ihm als «meinem Juden» sprach oder bei Tisch sagte: «Gebt dem Juden auch etwas zu essen!» Worauf er empfindlich reagierte, waren abfällige Bemerkungen über seine Familie, etwa wenn Virginia sich über die große Zahl seiner Onkel und Tanten lustig machte (und damit anzudeuten schien, daß sich die Juden wie die Karnickel vermehren). Daß Leonards Mutter Virginia wie eine Karikatur der jüdischen Schwiegermutter vorkam, erklärte sich aus dem Kontrast, den Mrs. Woolf in ihren Augen zur verklärten Idealfigur der eigenen Mutter bildete.

Je mehr Leonard sie in die komplexe Geschichte der politischen Kultur in England einführte, desto deutlicher wurde sich Virginia der Beschränktheit ihres eigenen Antisemitismus bewußt; in den dreißiger Jahren bedeutete ein Satz wie «Einen Juden zu heiraten war mir ein Greuel» bereits Selbstkritik und Zerknirschung. Sie hatte in dieser Zeit Leonards nomadische Veranlagung, seine Unfähigkeit, längere Zeit an einem Ort zu bleiben, längst akzeptiert und als eine Art romantisches Rassenmerkmal zu idealisieren begonnen.

Sein Heiratsantrag stellte sie vor eine schwierige Entscheidung. Daß er Jude war, reizte sie und stieß sie ab. Zwar paßte er vom Alter her gut zu ihr, sie hatten gemeinsame Interessen, zogen das Landleben der Großstadt vor, schrieben an Romanen, über deren Konturen noch wenig Klarheit bestand, er war ein enger Freund des geliebten Bruders Thoby und vieler ihrer eigenen Freunde gewesen, aber sein Leben war völlig anders verlaufen als ihres: als welterfahrener Administrator hatte er unter widrigen Bedingungen Verantwortung getragen, weitreichende Urteile gefällt und über Tausende von Ceylonesen geherrscht. Daß er jetzt romantisch in sie verliebt zu sein schien, fand sie erregend, wenn auch nicht gerade eine verläßliche Grundlage für die Einschätzung seiner Persönlichkeit.

Leonard bat seine Vorgesetzten um Verlängerung des Heimaturlaubs; sie wurde abgelehnt. Virginia erlitt in dieser Zeit wieder einen Nervenzusammenbruch. Sie mußte in eine geschlossene Anstalt eingeliefert werden und durfte ihn weder sehen noch «emotionale» Briefe von ihm bekommen. Nur langsam besserte sich ihr Zustand, und zögernd begann sie, sich wieder mit dem Problem einer Heirat zu beschäftigen. An eine Freundin schrieb sie: «Ich fühle mich immer noch unausgeglichen und komme mir vor wie eine Zumutung für jemanden, der mit mir zusammenleben will, schwach und wankelmütig ...»

Inzwischen hatte er alles auf eine Karte gesetzt und sein Dienstverhältnis gekündigt. Er besuchte Virginia in der Anstalt, und auf einem langen Spaziergang über die Klippen von Eastbourne küßte er sie zum erstenmal. Am Abend sah er die «Götterdämmerung». Am nächsten Tag schrieb er ihr einen langen, verwirrten Brief:

«... Jetzt weiß ich genau, was ich für Dich empfinde. Es ist nicht nur körperliche Liebe (obwohl das auch), es ist nicht nur, daß ich nur mit Dir glücklich bin – ich brauche auch Deine Liebe. Es stimmt, daß ich anderen gegenüber kalt und reserviert bin, ich empfinde nicht leicht Zuneigung zu anderen Menschen ...»

Sie antwortete darauf mit einem Bekenntnis, das ehrlicher kaum sein konnte:

«... Mir scheint, ich mache Dir viel Kummer, deshalb will ich jetzt offen zu Dir sein, auch weil ich den Eindruck habe, Du tappst die ganze Zeit im dunkeln – ich aber sehe kein Dunkel. Was ich empfinde, kann ich nicht erklären. Die einleuchtenden Vorteile der Ehe kommen mir eher wie ein Hindernis vor, aber ich sage mir: wie es auch kommt, Du wirst sehr glücklich sein mit ihm, er wird Dir zu Gesellschaft, Kindern und einem aktiven Leben verhelfen. Manchmal stört mich die Stärke Deines Begehrens. Vielleicht spielt auch die Tatsache eine Rolle, daß Du Jude bist. Du kommst mir fremd vor. Und dann: ich bin schrecklich unbeständig. Ich weiß nicht, was die Zukunft bringen wird. Manchmal habe ich Angst vor mir selber. Und dann wieder will ich alles. Liebe, Kinder, Abenteuer, vertrauten Umgang mit Freunden, Arbeit. Ich glaube, daß ich alles das haben könnte, wenn ich Dich heirate. Und dann wieder – ist es das Sexuelle, das zwischen uns tritt? Ich habe Dir neulich mit brutaler Offenheit gesagt, daß Du mich körperlich nicht reizt. Es gibt Augenblicke (einer davon war der, als Du mich neulich küßtest), in denen ich nicht mehr fühle als ein Stein. Und doch bin ich immer wieder überwältigt, wie sehr Du mich magst. Aber gerade weil Du mich so magst, muß auch ich Dich mögen, bevor ich Dich heirate ...»

Schreibt so eine Frau, die heiraten will? Virginias Brief enthält kein Wort von Karrieren, Finanzen, praktischen Fragen, er klingt kühl, distanziert, manchmal aber auch wie ein Hilferuf. Oder ein Warnsignal? Hellsichtig nennt sie alles, was ihrem Glück im Wege stehen könnte: die körperliche Seite der Liebe, Leonards jüdische Abstammung, ihre eigene Unausgeglichenheit. Aber sie gibt auch zu verstehen, daß Leonard einer der wenigen Menschen ist, mit dem sie über diese Dinge sprechen kann, daß sie ihn intellektuell respektiert, und schließlich: daß sie sich eine Ehe mit ihm vorstellen kann. Am Schluß schreibt sie: «Wir beide wünschen uns eine Ehe, die lebendig und anspruchsvoll ist, nicht tot und bequem wie die meisten anderen – vielleicht gelingt es uns. Das wäre wunderbar!»

So merkwürdig es klingt – dieser Brief scheint Leonard die entscheidende Antwort auf seine Fragen gegeben zu haben. Er geht abends in die Oper und sieht «Tristan und Isolde». Am nächsten Tag besucht er mit Virginia eine öffentliche Sitzung der «Titanic»-Untersuchungskommission; Virginia beschäftigt sich lebhaft mit dem Schiff, das am 15. April untergegangen war. («Schiffe sinken nicht auf den Meeresboden», phantasiert sie, «sondern werden auf halber Höhe plattgedrückt: Mrs. Stead ist jetzt ein Pfannkuchen, und ihre Augen sind Kupfermünzen».) Sie machen gemeinsame Ausflüge und Spaziergänge, und am 29. Mai sagt sie ihm, in einem ruhigen Gespräch nach dem Mittagessen in ihrem Zimmer, daß sie ihn liebt. Sie fahren mit dem Schiff nach Maidenhead, und am nächsten Tag erzählen sie den Freunden von ihrer Verlobung. Virginia schreibt an Violet Dickinson:

«Meine liebe Violet,

ich muß Dir etwas beichten. Ich werde Leonard Woolf heiraten. Er ist Jude und besitzt keinen Penny. Ich glaube, er gefällt Dir, obwohl Du Dich vielleicht fragen wirst, warum er ausgerechnet mich heiraten will – schließlich hat er über halb Indien geherrscht, Eingeborene aufhängen lassen und Tiger erlegt. Ich bin glücklicher, als ich es je für möglich hielt, aber mir liegt sehr daran, daß Du ihn auch magst ...

L. hält meine Schriftstellerei für das Beste an mir. Wir wollen sehr viel arbeiten. Paßt das zusammen?»

Die Brautleute erfinden Tiernamen für sich. Virginia ist ein bunter Vogel mit prächtigen Federn oder ein Mandrill, ein westafrikanischer Pavian, das «große Untier», das eine Maus als Diener anstellt und sich leidenschaftlich in ihn verliebt. «Ich liege hier und denke an mein kostbares Tier, das mich jeden Tag glücklicher macht ...»

Die standesamtliche Trauung von «Leonard Sidney Woolf, 31, Junggeselle ohne feste Anstellung, und Adeline Virginia Stephen, 30, Familienstand und Beruf unbekannt», wird am Samstag, dem 10. August 1912, um 12 Uhr 15 im Rathaus von St. Pancras in London vollzogen. Draußen tobt ein Unwetter. Trauzeugen sind Vanessa Bell und George Duckworth; Mrs. Woolf, Leonards Mutter, ist nicht eingeladen. Der fast blinde und verwachsene Standesbeamte Edwin Stevens verwechselt die Namen Vanessa und Virginia; Vanessa Bell unterbricht die Zeremonie mit der ironischen Frage, ob sie hier auch den Namen ihres Babys ändern könne.

Nach einem kleinen Empfang am Gordon Square fährt das Paar ins Wochenendhaus nach Sussex. Die Hochzeitsreise geht nach Südfrankreich und Spanien. Die hygienischen Verhältnisse dort empfinden sie als katastrophal, Hitze und Mückenplage sind unerträglich. Leonard erleidet einen Malaria-Rückfall. Auf einem Frachter dümpeln sie von Valencia nach Marseille und weiter nach Pisa, Mailand und Venedig. Virginia liest Stendhals «Rot und Schwarz», D. H. Lawrences «Todgeweihtes Herz» und Dostojewskis «Schuld und Sühne».

In Briefen an die Freunde beschreibt sie Reise- und Lektüreeindrücke, wenig Intimes. «Warum machen die Leute um Heirat und Beischlaf einen solchen Wirbel? Ich finde, die Sache mit dem Orgasmus wird maßlos übertrieben.» Leonard hat später einem Freund berichtet, daß die Flitterwochen schwierig waren; Virginia geriet bei der leisesten Berührung in Panik und sträubte sich gegen Intimität, und da er wußte, daß diese Form der Erregung in der Regel das Vorspiel zu ihren Nervenzusammenbrüchen war, beschränkte sich der Ehemann auf harmlose Zärtlichkeiten, – «weil sie ein Genie war».

Virginia gibt sich weiterhin lässig: «Würden die Briten offen über Beischlaf & WCs sprechen, dann könnten sie sich auch von allgemeinen Gefühlen ergreifen lassen. So wie die Dinge jetzt liegen, wird jeder Appell, gemeinsam etwas zu fühlen, hoffnungslos blockiert durch die verhindernden Paletots & Pelzmäntel», schreibt sie in ihr Tagebuch.

Vanessa faßt ihren Eindruck von der jungvermählten (im Familienkreis nach wie vor «die Ziege» genannten) Schwester drastisch zusammen: «Die beiden scheinen sehr glücklich, sind aber offenbar ein bißchen beunruhigt über die Kälte der Ziege. Ich glaube, ich habe sie betrübt (ihn aber vielleicht getröstet), als ich sagte, daß sie meiner Meinung nach mit der sexuellen Begierde der Männer noch nie umgehen konnte. Anscheinend bereitet ihr der Akt noch immer kein Vergnügen, was ich merkwürdig finde. Sie wollte von mir wissen, wann ich zum erstenmal einen Orgasmus gehabt habe. Ich konnte mich nicht genau erinnern …» Der Biograph Quentin Bell resümiert lakonisch: «Virginia war eben sexuell nicht gerade enthusiastisch.»

Unter den Hochzeitsgeschenken, die nach der Mittelmeerreise auf das Paar warteten, war auch ein Tisch und eine Wiege. Virginia ist entzückt: «In dieser Wiege wird mein Baby schlafen, und an dem Tisch werde ich heute zu Abend essen.» Was sie nicht wußte: Leonard hatte inzwischen beschlossen, daß sie keine Kinder haben würden. Er hielt das Gesundheitsrisiko für zu groß, außerdem glaubte er nicht, daß Virginia eine gute Mutter sein würde; er selbst war ohnehin kein besonderer Kinderliebhaber; ein Satz wie: «Kinder sind viel unattraktiver und störrischer als kleine Hunde, Katzen oder Leoparden» floß ihm glatt aus der Feder.

Schon vor der Hochzeit hatte er mit Virginias Hausarzt, Dr. Savage, ausführlich über diese Frage gesprochen. Der für seinen gesunden Menschenverstand bekannte Mediziner war der Ansicht, daß Virginia, so gut es ging, ein normales Leben führen sollte – Kinder würden ihrer heiklen Gesundheit guttun. Leonard war vom Gegenteil überzeugt. Er fragte eine Reihe von anderen Spezialisten, bekam aber nur widersprüchliche Meinungen zu hören. Es ist gut möglich, daß er die damals geläufige Ansicht teilte, Frauen mit psychischen Problemen sollten keine Kinder haben. Der Hintergrund dieser Theorie war die verbreitete, groteske Furcht, das Britische Weltreich könne durch eine wachsende Zahl genetisch minderwertiger Kinder auf die Dauer Schaden an seiner Substanz nehmen und moralisch geschwächt werden.

Virginia erfuhr erst sehr spät davon, daß ihr Mann entschieden hatte, daß sie beide keine Kinder haben sollten. An ihre Freundinnen schrieb sie noch eine Weile, daß sie aufs Land ziehe, «weil es heißt, ein halbes Jahr Landluft ist gut für eine Frau, bevor das erste Baby kommt». Sie hat ihre Schwester, die Leonards Haltung heimlich unterstützte, unverhohlen um ihre Kinder beneidet und unter der eigenen Kinderlosigkeit lange gelitten. «Es war auch meine Schuld: mit etwas mehr Selbstkontrolle könnten wir jetzt einen Jungen von zwölf und ein Mädchen von zehn Jahren haben», schrieb sie 1926.

# Die Woolfs und die Moderne. Krankheiten

Virginia begann ihre literarische, Leonard seine journalistische Karriere während des Ersten Weltkrieges. Neue Kollegen, Künstler und Gelehrte kreuzten ihren Weg, sie bewegten sich in Schriftsteller- und Politikerkreisen und stürzten sich ins kulturelle Leben Londons. Leonard war bald ein gefragter politischer und gewerkschaftlicher Redner und Artikelschreiber. Die exzentrischen Sozialreformer Beatrice und Sidney Webb hatten seine Artikel über die Women's Guild gelesen und luden den Autor mit seiner Frau zu Bier und Hammelbraten ein.

Die Webbs waren damals Mitte Sechzig und «so grotesk, daß man sie nicht karikieren konnte, weil sie eine Karikatur ihrer selbst waren», schrieb Leonard später. Wenn sie bei den Woolfs zu Besuch waren, brachten sie ihre komplette Tee-Ausrüstung mit, einschließlich Kessel und Spirituskocher. Um sechs Uhr morgens bereitete Sidney in seinem Zimmer das Getränk, trug es seiner Frau ans Bett und las ihr dann Geschichtswerke vor, bis sich die anderen Hausbewohner regten. Die Webbs pflegten ihre Freunde nach nützlichen Eigenschaften auf Karteikarten zu erfassen. Beatrice entwickelte eine spröde Zuneigung zu Virginia, die sie als «Romanschriftstellerin» verbucht hatte und die ihr deshalb für die sozialistische Bewegung nicht verwendbar erschien; Sidney mochte Leonard, den «Ex-Kolonialbeamten». Der Webbsche Rat an das junge Paar lautete: «Die Ehe ist ein Papierkorb der Gefühle.»

Auch der egozentrische George Bernard Shaw hatte eine Zuneigung zu den Woolfs gefaßt. Sie genossen seine rhetorischen Auftritte, ermüdeten aber meist, wenn er, was er am liebsten tat, seine Briefe an Zeitungen vorlas. «Shaw schien durch seine Gesprächspartner hindurch oder über sie hinweg immer nur von sich selbst zu sprechen.» Bei einem Abendessen im Hause von H. G. Wells lernten sie den populären Romancier Arnold Bennett und seine französische Frau kennen und waren beeindruckt von der Aura, die den berühmten Autor, trotz seines Stotterns, umgab. Virginia hat später das Dreigestirn Galsworthy, Wells und Bennett als «unsere modernen Maskulinisten» verspottet und als Beispiel für die Verkrustung der englischen Literatur angeprangert.

Die Woolfs organisierten ihren Arbeitsalltag nach Regeln, die von Leonard mit Rücksicht auf Virginias Gesundheit aufgestellt worden waren. Die Vormittage, mindestens zweieinhalb Stunden, verbrachte man am Schreibtisch oder am Stehpult, die Nachmittage an der frischen Luft. Nach dem Fünf-Uhr-Tee wurde gelesen, und nach dem Abendessen, gegen zehn Uhr, erschienen oft Besucher. Virginia, die ihre fiktionale Welt und die journalistischen Pflichtaufgaben sorgfältig zu trennen wußte – Leonard konnte angeblich an ihrer Gesichtsfarbe ablesen, woran sie gerade arbeitete –, hatte ihre Rezensentinnenkarriere beim «Times Literary Supplement» begonnen. Bruce Richmond, der Herausgeber, schickte ihr als der Tochter des verstorbenen Sir Leslie Stephen Bücher zum Besprechen und war von ihren Beiträgen angetan. Die Verbindung zum TLS ist nie wieder abgerissen, andere Zeitschriften wie das «Cornhill Magazine» kamen hinzu, und im Laufe der Jahre wurde Virginia Woolf zu einer respektierten, einflußreichen Literaturkritikerin. «Ich schreibe; man ruft an und sagt, ich solle aufhören: sie müßten die Besprechung noch heute haben. Ich tippe, bis der Bote der *Times* erscheint; ich korrigiere die Seiten in meinem Schlafzimmer, während er im Wohnzimmer am Kamin sitzt.» Zweimal hat sie ihre Äußerungen über Bücher unter dem Titel «Der gewöhnliche Leser» gesammelt, Rezensionen und Essays, die keineswegs so impressionistisch sind, wie es oft heißt, sondern die «mit persönlich gefärbtem

Nachdruck die besonderen Qualitäten eines Autors» nach-
zeichnen.

Unter den zeitgenössischen Kritikern fürchtete und
schätzte sie am meisten den Freund Lytton Strachey, der
sich mit den «Eminent Victorians» (1918), einer Sammlung
satirischer Kurzbiographien, einen Namen als geistreicher
Ikonoklast gemacht hatte. Stracheys ironische Distanz zu
den viktorianischen Werten sprach ihr aus dem Herzen; auf
sein Urteil über ihre Romane wartete sie immer besonders
ängstlich. Der erheblich ältere Roger Fry war die andere
Autorität im Bloomsbury-Kreis. Als Kritiker verfocht er das
Prinzip der Individualität des ästhetischen Urteils – er war
überzeugt, daß die Kunst nicht so sehr die Verkörperung des
Schönen sei, sondern vor allem ein Mittel der Kommunika-
tion zwischen Menschen. Virginia und Leonard, die beide
von G. E. Moores «Principia Ethica» geprägt waren und das
Vergnügen am menschlichen Umgang und an schönen Gegenständen für die höchsten Werte hielten, akzeptierten Roger Frys Urteile in der Regel ohne Vorbehalt.

Der Lyriker und Verleger John Lehmann – er war eine
Zeitlang Mitarbeiter, später sogar Mitinhaber der Hogarth
Press – hat die Atmosphäre im Hause Woolf beschrieben:
«Virginia sprudelte über von Ideen, und oft mußte Leonard
sie sanft, aber bestimmt wieder auf den Boden der Tatsachen
zurückbringen. Ihre Neugierde auf Menschen war grenzen-
los. Stimmt es, daß So-und-so die Ehe seines Freundes in die
Brüche hatte gehen lassen? Hatte X eine lesbische Affäre mit
Y? Wußte ich etwas über den neuesten jungen Mann, für
den sich Lytton Strachey interessierte? Von solchen Themen
leitete sie mit der größten Leichtigkeit über zur Diskussion
einer neuen Zeitschrift, zu den literarischen Bemühungen
ihres Neffen Julian in Cambridge, zur neuesten Inszenierung
der Marlowe Society. Virginia saß in einem Sessel und
rauchte aus einer langen Spitze die starken Zigaretten, die sie
sich immer selbst drehte. Manchmal lenkte sie das Gespräch,

Virginia Woolf und der Biograph Lytton Strachey. Sie hatte seinen Heiratsantrag abgelehnt, schätzte (und fürchtete) ihn aber als Kritiker ihrer Bücher.

manchmal begnügte sie sich mit kurzen Einwürfen, oder sie stellte Fragen, um ihre Gäste zu weiteren Bekenntnissen oder Erklärungen zu bewegen. Es fiel mir schwer, die Augen von ihrem Gesicht abzuwenden, in dem sich auf so subtile Weise Intellekt, Phantasie und Feinheit der Züge verbanden. Edith Sitwells Beschreibung fällt mir ein: ‹Virginia Woolf war von mondheller, durchsichtiger Schönheit. Ihre Züge waren kostbar geschnitten, mit großen, nachdenklichen Augen. Sie hatte Freude an jedem Schmetterlingsaspekt der Welt und des Augenblicks und pflegte die schönsten Geschöpfe zu jagen, ohne doch den bunten Staub ihrer Flügel zu beschädigen.›»

Der Beginn des zwanzigsten Jahrhunderts und besonders die Jahre nach dem Ersten Weltkrieg waren von intellektuellen Turbulenzen geprägt, die auch das Verhältnis von Sprache und Wirklichkeit in ein neues Licht rückten. Die neue Wissenschaft der Linguistik sah die Sprache als ein System von Elementen, die von jedem Benutzer anders verwendet werden. Sergej Eisensteins Technik des visuellen Erzählens in der Filmmontage griff die Vollständigkeit und Kontinuität von Sätzen an. Bertrand Russell und Ludwig Wittgenstein hatten gezeigt, wie Wörter Realität verstellen und falsch abbilden können: sie sind bloß Bilder, verbale Schilder, die wir auf physikalische Fakten kleben. Erst wenn die Bilder Reihen bilden, in denen einzelne Wörter mehrmals auftauchen und so eine Art Ordnung erzeugen, kann man mit ihnen denken. Cézannes Mont Sainte-Victoire-Serien, Picassos und Braques Stilleben zielen auf eine solche ordnende Abstraktion.

Schon zu Beginn des Jahrhunderts hatte Albert Einstein Raum und Zeit, die alten Dimensionen der Existenz, zu einem relativistischen Raum-Zeit-Kontinuum verschmolzen. Die Fragmentierung und Entwurzelung des Individuums, das Schrumpfen des Raumes, die Beschleunigung der Zeit, technologischer Fortschritt und moralischer Werteverfall fügen sich zu einem neuen, inkohärenten Weltbild. Als Wagner und Mahler das Prinzip der Tonalität erschütterten, hatten die Romanciers den Glauben an die Tauglichkeit des Realismus zur Wirklichkeitsdarstellung längst aufgegeben: der allwissende Erzähler hatte sich aus dem Geschäft der Sinnstiftung zurückgezogen und sie dem Leser überlassen. James Joyce machte die Sprache zum Hauptakteur; der Bewußtseinsstrom desorientierter Subjekte läßt keine verläßlichen Orientierungen mehr zu.

Virginia Woolfs Roman «Jakobs Zimmer» erschien im gleichen Jahr wie Joyces «Ulysses» und T. S. Eliots «Das wüste Land», aber auch wie Paul Valérys «Charmes», Hermann Hesses «Siddharta», Bertolt Brechts «Trommeln in der Nacht». Oskar Schlemmer malte 1922 die Figurinen für das «Triadische Ballett», Paul Hindemith komponierte die Klavier-Suite «1922», Ralph Vaughan Williams seine Hirtensinfonie. Die englischen Konservativen trennten sich von Lloyd George, Bonar Law wurde Premierminister, London festigte seinen Rang als europäische Kulturmetropole. Und neben der Bloomsbury Group etablierten sich die «Georgians» um Harold Edward Monros «Poetry Bookshop», Ezra Pound scharte Ford Madox Ford, William Butler Yeats und Wyndham Lewis um sich, Literaturzeitschriften wie «Poetry», «The Egoist», «The Little Review» druckten die Texte der Avantgarde.

Leonard und Virginia Woolf registrierten die Zeichen der Zeit sehr genau. Ihre geistige Herkunft aus der englischen intellektuellen Aristokratie bewahrte sie davor, die ästhetischen Fundamente der viktorianischen Weltsicht vorschnell preiszugeben, und so behielt ihre Hinwendung zur Moderne zunächst etwas durchaus Traditionelles und Englisches. Virginia schrieb eben nicht für A. R. Orages progressive Zeitschrift «The New Age», sondern für «The Times Literary Supplement». Selbst der Aufsatz «Modern Fiction» (1919), ihr modernistisches Manifest, trug moderate, fast konserva-

tive Züge. Leonard versuchte zur gleichen Zeit, seinem mora-
lischen Rigorismus im politischen Journalismus Gehör zu
verschaffen, seine Interessen waren jetzt vorwiegend politischer und verlegerischer Natur – was nicht ausschloß, daß er
in den dreißiger Jahren ein Theaterstück mit dem Titel «The
Hotel» schrieb, das zwar veröffentlicht, aber nie aufgeführt
wurde. Virginia wandte sich Themen zu wie Patriarchat und
Familie, Ich und Identität, Krieg, Geschichte, Erinnerung,
Zeit und Sprache. Sie wollte besonders der weiblichen Welt-
erfahrung in experimentellen Erzählformen Ausdruck geben.

Beide gehörten nicht zu den radikalen, wohl aber zu den
progressiven Intellektuellen der Zeit. «Virginia Woolf war
nicht nur das Zentrum einer esoterischen Gruppe, sondern
das Zentrum des literarischen Lebens von London. Ihre Position erwuchs aus einem Zusammenwirken von Eigenschaften und Fähigkeiten, die es in dieser Kombination noch nicht
gegeben hatte, und die es, wie ich glaube, nie wieder geben
wird», schrieb T. S. Eliot nach ihrem Tode und fügte hinzu:
«Die Woolfs bewahrten die kulturellen Traditionen der viktorianischen Mittel- und Oberschicht; sie waren weder die
Parasiten der Plutokraten noch die Entertainer eines Massen-
publikums.»

Für die Impressionistin Virginia Woolf, die ihren Freunden Tiernamen gab (Vanessa war ein Delphin, Ottoline Morrell eine Makrele), ist die Gesellschaft ein Glasbehälter, ein
Aquarium, in dem sich die Wirklichkeit verflüssigt, bevor sie
zum Symbol wird. Jakob, die Hauptfigur von «Jakobs Zimmer», zerfließt und löst sich auf in den Lücken zwischen den
Kapiteln des Romans – so wie auf einem kubistischen Bild
ein Gegenstand in seine Teile zerfällt. Anstatt ihn zu einer
Person zusammenzufügen, zerbröselt die Autorin seine
Identität, ähnlich wie Picasso ein Gesicht zerlegt. «In Virginia Woolfs Romanen ist die Landschaft ein Hintergrund
ohne Figuren», hat D. H. Lawrence maliziös gemeint.

Sie träumt vom Tod des Individuums, oder doch von seiner Steigerung über die Grenzen der Gattung hinaus, die nur mit einem Nihilismus der Form zu bewältigen ist. In «Mrs. Dalloway» zerstäubt das Licht Personen zu Partikeln, die sich als Nebel zwischen den Menschen bewegen. Der geisteskranke Septimus zweifelt an seiner Einzigartigkeit als Individuum; er bringt sich lieber um, als daß er sich therapeutischer Kontrolle unterwirft. Ist das der Einfluß von Joyces «Ulysses»? «Mrs. Dalloway» ist vielleicht der bessere Roman, er kommt ohne Derbheit und Pedanterie aus, die Atmosphäre des Großstadt-Tages wird ohne erdrückende Details evoziert, der Bewußtseinsstrom taktvoller und geschickter reguliert.

Wie Joyce, aber anders als D. H. Lawrence, war Virginia Woolf eine Ästhetin. Sie spürte, daß einer Frau nicht alles zu sagen erlaubt ist, und wollte doch nur so schreiben, wie eine Frau die Welt sieht. Sie hatte keine Botschaft und wollte über das Leben keine Urteile abgeben, sie wollte es «nur» beschreiben. Deshalb wirken ihre Romane gedämpft. Sie haben meist keinen richtigen «plot» und keine «äußere» Spannung – alle aufregenden Vorgänge sind ins Innere verlagert. Entgrenzung ist das Schlüsselwort für das erzählerische Verfahren, Überwindung des Subjektivismus durch ein «Pokern mit der Transzendenz» das ästhetische Programm.

Bald nach den Flitterwochen kündigt sich bei Virginia eine neue Nervenkrise an, die möglicherweise in unmittelbarem Zusammenhang mit dem «verordneten» Verzicht auf Kinder steht. Sie leidet unter Kopfschmerzen, Schlaflosigkeit, kann nicht arbeiten und weigert sich zu essen, will aber nicht zugeben, daß sie krank ist. Der Landaufenthalt in Asham bringt keine Besserung; auf der Rückfahrt nach London versucht sie, sich aus dem Zug zu stürzen. Funktionen und Rollen der Ehepartner wandeln sich: Leonard ist kaum noch Ehemann, sondern meist Krankenpfleger, Virginia nicht Ehefrau, sondern Patientin. Aus seiner Perspektive ist er «gesund», sie «verrückt». Er berät sich mit Experten, sie versinkt in Irrationalität. «Ich hatte bis dahin keine Erfahrung mit Wahnsinnigen oder Geisteskranken», schreibt er in seiner Autobiographie, «und ich brauchte einige Zeit, bis ich begriff, wie krank sie wirklich war und daß sie ständig auf einem schmalen Grat zwischen Normalität und Wahnsinn wandelte. Gleich nach den Flitterwochen gab es beängstigende Warnsignale. Im Januar und Februar schrieb sie den Roman ‹Die Fahrt hinaus› zu Ende, Tag für Tag, mit qualvoller Intensität.»

Leonard hat spätestens nach der Hochzeit gewußt, daß mit seiner Frau «etwas nicht in Ordnung ist». Wie Virginia sich in jener Zeit fühlte, wissen wir nicht; Briefe und Tagebücher geben wenig Aufschluß, und nur der Roman «Mrs. Dalloway» ist eine Art künstlerische Widerspiegelung ihrer Erfahrungen der Jahre 1912 bis 1915. In den dreißiger Jahren hat sie den ursächlichen Zusammenhang zwischen ihrem «Wahnsinn» und der Ehe unverblümt benannt: «Wie es um meine Ehe steht? Ich habe Leonard Woolf 1912 geheiratet, glaube ich, und unmittelbar danach war ich drei Jahre lang schwer krank. Trotzdem können wir uns nicht beklagen …»

Leonard läßt sich hinter ihrem Rücken von den Ärzten erklären, wie er die Symptome der Krankheit behandeln soll; mit seiner Frau über mögliche Ursachen der Krise zu sprechen kommt ihm nicht in den Sinn. Ehe und Kinderlosigkeit waren nicht die einzigen Auslöser von Virginias manisch-depressiven Schüben. Die psychische Überempfindlichkeit hatte sie von ihrem Vater geerbt, die vielen Todesfälle in der Familie warfen sie aus dem Gleichgewicht, und die nervliche Anspannung des Abschließens und der Drucklegung ihrer eigenen Aufsätze und Bücher, später die Furcht vor Verrissen, trugen zu den Zusammenbrüchen bei.

Für Geschwister und Angehörige galt es als ausgemacht, daß «die Ziege» nicht ganz richtig im Kopf war; Leonard

schloß sich dieser Einschätzung scheinbar eilfertig an. Akri-
bisch kümmerte er sich um die Betreuung seiner Frau, ge-
wissenhaft behandelte er ihre «Symptome» – ohne je auf den
Gedanken zu kommen, daß er selbst und seine Auffassung
von Partnerschaft Teil des Problems sein könnten. Um die
«Patientin» zu schonen, klammerte er bestimmte Themen
aus und paßte seinen Umgangston den veränderten Umständen an; er war inzwischen überzeugt, daß seine Frau – die
immer störrischer darauf bestand, daß sie nicht richtig krank
sei – nicht nur Phasen der Verwirrung hatte, sondern geistes-
gestört war. «Selbst wenn es ihr gut ging, stiegen oft bei der
bloßen Erwähnung früherer Nervenzusammenbrüche Erinnerungen an Albträume und Wahnvorstellungen auf; der
Eindruck war nicht abzuweisen, daß sie im Grunde nicht
ganz normal war», schrieb er nach ihrem Selbstmord.

Virginias Erkrankung nach der Hochzeit ähnelte ihren
manisch-depressiven Anfällen von 1895 und 1904, die sich
jeweils auf bestimmte Ereignisse zurückführen ließen: den
Tod der Mutter im Jahre 1895, den des Vaters und die inze-
stuösen Erfahrungen mit George Duckworth 1904. Der Tod
des Bruders Thoby löste keine vergleichbare Krise aus. Die
Krankheitsphasen des Jahres 1912 hängen, so scheint es, mit
ähnlich konkreten Konstellationen zusammen. Gleich nach
Leonards Heiratsantrag klagt sie über Unwohlsein: «Meine
übliche Krankheit – im Kopf, Du weißt schon!» schrieb sie
an Katherine Cox und erwähnte noch, daß der Arzt ihr vierzehn Tage Bettruhe verordnet hatte; bald darauf wurde sie in
die Nervenheilanstalt von Twickenham eingeliefert.

Leonard hielt die Erkrankung seiner Braut für eine Folge
der nervlichen Anspannung beim Romanschreiben; er war
auch überzeugt, daß die Verlobung sie ungewöhnlich aufgewühlt hatte. Als Virginia ihm im Mai 1912 jenen Brief
schrieb, in dem sie seinen Antrag annahm, aber gleichzeitig
eine Fülle von Hindernissen aufzählte, die der Verbindung
im Wege stünden, hatte schon der bloße Gedanke an eine

Ehe, der sie sich nicht länger glaubte entziehen zu können, schlimme Folgen. Leonard, der sich dessen bewußt wurde, hängte seine Karriere an den Nagel und – so sah er es – nahm Virginia Stephen für immer in seine Obhut.

Schon sechs Wochen vor der Hochzeit hatte er die Alleinentscheidung über medizinische Fragen wie die Dosierung von Beruhigungsmitteln übernommen. Und zu diesem Zeitpunkt scheint er auch den Entschluß gefaßt zu haben, außer Dr. Savage (der zu Kindern geraten hatte) noch andere Experten zu konsultieren – «ich ging zu zwei weiteren Spezialisten, um Theorien zu hören, die seinem Urteil widersprachen». Warum wollte er gegenteilige Meinungen hören? Wahrscheinlich hielt er es für ein Gesundheitsrisiko, wenn Virginia Kinder bekam; er selbst wollte keine Kinder haben.

Seit Januar 1913 machte er heimlich Aufzeichnungen über Virginias Befinden. Seine Beobachtungen ihres Zustands wurden zu seiner Lebensaufgabe, die er mit stoischer Sorgfalt erfüllte. «Meine Aufzeichnungen von 1913 zeigen deutlich die rapide Verschlechterung ihres Gesundheitszustandes. Von Januar bis August machte ich täglich Notizen: ob sie arbeiten konnte, wie sie geschlafen und ob sie Kopfschmerzen hatte; ab August in Geheimschrift.»

Am 23. August fuhr er mit ihr nach Somerset, in jenes Plough Inn in Holford, wo sie ein Jahr zuvor die Hochzeitsnacht verbracht hatten. Vielleicht hatte die Erfahrung dieser Nacht Virginia glauben lassen, daß sie als Ehepartnerin eine Versagerin war – vielleicht aber auch, daß sie im Grunde gar nicht die sexuelle Partnerin eines Mannes sein wollte. Die Erinnerungen an dieses Schlüsselerlebnis verschlimmerten ihren Zustand. Sie hatte Wahnvorstellungen, konnte nicht schlafen, wollte nicht essen. War ihr Ekel vor der Milch, die Leonard ihr aufdrängte, Abscheu vor der körperlichen Liebe? Das Thema «Essen» wurde in dieser Ehe immer heikler. Leonard schwelgte in der Beschreibung kulinarischer Genüsse, Virginia wurde, während sie aß, von Scham- und

Schuldgefühlen gepeinigt. Ihr Körper, seine Öffnungen und Funktionen, waren ihr zuwider.

Sie fuhren nach London, um weitere Ärzte um Rat zu fragen, wobei immer zuerst der Ehemann den Zustand seiner Frau beschrieb – erst danach gab Virginia ihre eigene Version. Verordnete Ruhe und erzwungenes Essen machten sie krank. Der Nervenarzt (und Heine-Übersetzer) Dr. Head erklärte sie für unfähig, ihre Situation zu begreifen, empfahl einen Klinikaufenthalt mit Bettruhe und reichlicher Ernährung. In einem unbeaufsichtigten Moment schluckte sie eine Packung Veronal, in letzter Minute wurde ihr der Magen ausgepumpt, einen ganzen Tag war sie bewußtlos.

Für Leonard war dieser Selbstmordversuch die endgültige Bestätigung ihrer Geisteskrankheit. Virginia hielt seine Reaktion für Verrat: er machte mit den Ärzten gemeinsame Sache, um ihr eine Krankheit einzureden. Er hatte gegen sie «gewonnen». Was sie an Erklärungen anbot, wurde von ihm und den Experten beiseite geschoben, sie «zählte nicht mehr».

Leonard hat mehrfach über die damalige Praxis berichtet, selbstmordgefährdete Kranke «amtlich zu identifizieren», d. h. zu entmündigen und in eine geschlossene Anstalt einzuweisen. Entsetzt lehnt er es ab, Virginia einer solchen Prozedur zu unterziehen und handelt mit den Ärzten einen Kompromiß aus: die Kranke sollte sich auf dem Land erholen, versorgt (und bewacht) vom Ehemann und vier Pflegern. Ausgerechnet George Duckworth stellt dem jungen Paar sein Landhaus zur Verfügung. Daß Leonard darüber entzückt war, läßt darauf schließen, wie wenig er von der Rolle wußte, die dieser junge Mann im Leben seiner Frau gespielt hatte.

In Dalingridge Place hörte Virginia wieder Stimmen (und die Vögel griechisch singen), sie mußte gegen ihren Willen große Mengen essen und in George Duckworths Bett unter Aufsicht von zwei Tag- und zwei Nachtschwestern «ruhen».

Sie hatte nicht den Mut, Leonard über die Zusammenhänge aufzuklären – er würde sie erst recht für krank, ja für verrückt halten. Er begriff nicht, warum sie nicht essen wollte, schloß auf «schlechtes Gewissen» und bestand auf einer Art Zwangsernährung. Ihre Gewichtszunahme wurde sorgfältig registriert, ebenso die Wutausbrüche und Gewaltanwandlungen. Virginia beschimpft wahllos Schwestern, Ehemann, Ärzte. Am Ende der Mastkur hat sie fast 30 Kilo zugenommen – «ich kann mich kaum noch einen Hügel hinaufschleppen».

Auch über ihren Menstruationsrhythmus führte Leonard sorgfältig Buch. Er vermutete, daß lange Pausen zwischen den Perioden die Ausbrüche von «Neurasthenie» begünstigten. Im Herbst 1913 gab es eine Pause von 98 Tagen, in der sie besonders heftig gegen den Ehemann wütete – um eine Schwangerschaft hat es sich wohl nicht gehandelt. Aus dem Verhältnis von Körperrhythmus und psychischer Verfassung zog Leonard Schlüsse für seine «Behandlung» der Patientin. Auch später kehrte er immer wieder zu seinen Techniken des minuziösen Registrierens und Messens zurück. Wenn sie nicht schlafen konnte, gab er ihr Veronal oder Sodiumbromid; die Dosierung sprach er mit den Ärzten ab, er versuchte, mit möglichst wenig Medikamenten auszukommen. Als er im Juni 1914 zu einem Vortrag nach Birmingham fahren mußte, setzte er einen «Vertrag» auf: sie verpflichtete sich, nach dem Mittagessen eine halbe Stunde zu ruhen, genau so viel zu essen wie immer, jeden Abend um halb elf ins Bett zu gehen und sofort einzuschlafen, morgens im Bett zu frühstücken, vormittags ein Glas Milch zu trinken, nicht im Haus oder im Garten herumzugehen sowie vernünftig und fröhlich zu sein – sie unterzeichnete mit einem Schnörkel.

Die aufreibende Pflege ging auch an ihm nicht spurlos vorüber; er wurde krank und mußte sich von Krankenschwestern ablösen lassen. In Virginias Tagebuch finden sich Eintragungen wie: «L.s melancholische Verfassung hält an – so sehr, daß er heute morgen erklärte, er könne nicht arbeiten. Die Folge – ein melancholischer Tag.» Die «Serie von Katastrophen» hat den Ehemann und die Ehe verändert; obwohl er die Krisen nie unmittelbar auslöste, hat er doch den Obsessionen seiner Frau immer wieder neue Nahrung geliefert.

«Leonard hat mich zu einem apathischen Wrack gemacht», schrieb sie an Violet Dickinson und meinte damit wohl, daß er sie nach dem Selbstmordversuch mit Beruhigungsmitteln vollstopfte, um Ähnliches nicht noch einmal erleben zu müssen. Aus dem Liebhaber Leonard war ein wachsamer Wärter geworden. Das ist auch auf sie nicht ohne Wirkung geblieben: seine Selbstdisziplin hat sie auf die Dauer eingeschüchtert.

Auf Außenstehende schien die Ehe der Woolfs gewirkt zu haben, als fehle ihr die sexuelle Dimension. Clive Bell kommentierte trocken: «Wolf [sic!] schläft einmal in der Woche mit ihr, hat es aber noch nicht geschafft, sie zu entjungfern. Ihr macht die Sache einfach keinen Spaß.» Früh tauchte das Wort «frigide» auf, und es gab Bemerkungen über Leonards heroischen Verzicht auf ein «normales» Eheleben. «Kälte» und «Verzicht» sind aber wohl zu einfache Begriffe für eine so komplizierte Konstellation; auch das sexuell inkompatible Ehepaar in «Mrs. Dalloway» ist keine unmittelbare Parallele – die weibliche Romanfigur leidet darunter, daß sie, in den Augen ihres Mannes, im Bett versagt und fühlt sich allmählich zu Frauen hingezogen.

Virginia Woolf hat sich als «ängstlich» in sexuellen Dingen bezeichnet, benutzte aber bedenkenlos drastische Wendungen, etwa wenn es um die Aktivitäten ihrer homosexuellen Freunde ging – Lytton Strachey zum Beispiel war für sie der «Ober-Arschficker von Bloomsbury» – oder wenn sie ihren Ekel vor sexuell besonders aktiven Männern ausdrücken wollte. Sie war eine sinnliche, für erotische Reize empfängliche Frau, und Leonard alles andere als ein selbstloser Asket. Dabei war diese Ehe gerade in den ersten Jahren durchaus nicht asexuell, wie sich an vielen Spuren in Briefen und Tagebüchern ablesen läßt, sondern geprägt von erotischer Spannung, Zärtlichkeit und verspielter Intimität: «Wie er in mein Bett schlüpfte, mit einem kleinen Portemonnaie, wie wir unsere Finanzen überschlugen, wie ich zur Belohnung Tee ans Bett gebracht bekam …» Waren die Eheleute einen Tag getrennt, schrieben sie sich Briefe mit Tagesrapporten, aber auch mit neckischen Botschaften: «Ich liege da und denke an mein teures Biest, das mich jeden Tag glücklicher macht als ich es je für möglich gehalten hätte. Ich bin ganz schrecklich in Dich verliebt! Ich stelle mir vor, was Du jetzt tust – und muß dann schnell aufhören, denn ich will Dich küssen …» Leonard ist nur ungehalten, wenn sie versucht «Frühstück im Bett zu brutzeln». Der letzte Satz ihres Tagebuchs von 1919 heißt: «Ich behaupte, daß wir das glücklichste Paar in England sind.»

Virginia wußte: mit Leonard hatte sie zwar einen «armen» Mann geheiratet, aber auch jemanden, der, anders als sie, mit Geld umgehen konnte und obendrein zuverlässig, praktisch und präzise war. Der faktengläubige, ordnungswütige Leonard schrieb nicht nur jeden ausgegebenen Penny auf, er hielt auch auf zahllosen Listen fest, wann er sich die Haare hatte schneiden lassen, beim Zahnarzt gewesen war, an welchem Tag er welchen Apfelbaum gepflanzt hatte und wie viele Äpfel dieser Baum ab wann trug. Auf Karteikarten registrierte er nicht nur jede Schallplatte in seinem Besitz, sondern auch Zeitpunkt und Dauer des Abspielens. In Notizbüchern hielt er fest, welches Musikstück er wann im Radio gehört hatte. Jeden Morgen las er vom Außenthermometer die Temperatur ab und trug sie in Tabellen mit Maximal- und Minimalwerten ein; grundsätzlich beantwortete er jeden Brief am Tag, an dem er ihn bekommen hatte. Als Toilettenpapier benutzte er Druckfahnen der Hogarth Press.

Und doch entstünde ein falscher Eindruck, beschriebe man Leonard nur als trockenen Aktenmenschen und bürokratischen Listenfetischisten. Er war ein Mann mit impulsiven Reaktionen, der sich mit straffer Disziplin zu Ordnung und Selbstbeherrschung zwingen mußte. Virginia hat diese Seite an ihm zugleich bewundert und gefürchtet. Es war ihr manchmal unheimlich, wie er seine pessimistische Grundstimmung und seine misanthropischen Anwandlungen mit Gartenarbeit zu betäuben versuchte. Befremdlich fand sie auch, wie intensiv er sich mit den Haustieren – Hunden, Katzen und Korallenaffen – beschäftigte. Seine düsteren Momente, seine Skepsis, seine Geringschätzung der meisten Menschen waren ihr nicht geheuer, ebensowenig das zwanzigminütige Schweigen, mit dem er sie für (in seinen Augen eklatante) Lücken in ihrer Allgemeinbildung zu strafen pflegte.

Leonard seinerseits war von ihrer Schreibgeschwindigkeit beunruhigt. Er begriff nicht, daß das zwanghafte Schreiben von Briefen, Tagebuchnotizen, Aufsätzen und Romanentwürfen für sie keine Anstrengung, sondern im Gegenteil Erholung bedeutete; nicht das Schreiben, so wußte sie aus Erfahrung, sondern das Aufhörenmüssen gefährdete ihr Gleichgewicht: die Depressionen setzten immer dann ein, wenn sie mit einem größeren Projekt fertig war und Angst vor negativen Reaktionen hatte.

Als im August 1914 der Erste Weltkrieg ausbrach, spürten die Woolfs wenig davon – ihr Leben ging weiter, als sei nichts geschehen. Virginia fühlte sich in ihren Zweifeln an der Männerwelt bestätigt; sie war mit einem Mann verheiratet, der den Krieg zwar «sinn- und nutzlos» fand, sich der Einberufung aber nicht widersetzt hätte, wäre er bei voller Gesundheit gewesen. Der Gesundheitszustand seiner Frau und sein angeborenes Gliederzittern – es hatte sich im Laufe der Jahre so verschlimmert, daß sein unkontrolliertes Klappern mit Geschirr und Besteck bei Tisch manchmal eine Unterhaltung unmöglich machte – reichten am Ende aus, ihn vom Militärdienst zu befreien. Virginia reagierte auf den Krieg, dessen einzelne Phasen sie kaum wahrnahm, mit einer Mischung aus Verärgerung und snobistischem Ekel; er war für sie nicht nur eine «männliche» Erfindung, sondern obendrein zutiefst unästhetisch: «das Schlimmste am Fliegeralarm ist, daß man sich den ganzen Abend im Souterrain mit dem Dienstpersonal unterhalten muß …» Der Krieg bedeutete, daß deutsche Zeppeline über London flogen, daß Lebensmittel knapp waren, Fett und Fleisch kaum noch aufzutreiben; den Woolfs fehlten Rosinenbrötchen, Konfekt und Schokolade.

Leonard nannte seine Frau oft ein «apolitisches Wesen». Er mußte wissen, wovon er sprach. Schließlich hatte *er* das Buch geschrieben, das den Anstoß zur Gründung des Völkerbundes gab, war *er* der außenpolitische Berater der Labour Party – Virginia, so glaubte er, verstand als Frau grundsätzlich nichts vom Geschäft der Politik, von der Parteiarbeit und vom Regieren. Er wollte nicht, daß sie sich in das Gebiet einmischte, das er sich nach dem Scheitern seiner literarischen Ambitionen als Haupt-Tätigkeitsfeld ausgesucht hatte. In seinem Kopf war die Rollenverteilung in dieser Ehe längst vollzogen: Virginia war für die Literatur zuständig, er für die Politik und das praktische Leben.

# Schriftsteller und Verleger:
## 1915–1925

Die Woolfs und ihre Freunde waren gewohnt, komfortabel und in großbürgerlichem Stil zu leben. Einem Broterwerb nachzugehen schien weder wünschenswert noch nötig. Man besaß geräumige Häuser in London, an den repräsentativen Plätzen der besseren Stadtteile, dazu Landsitze in angenehmer Entfernung. Köche und Dienstpersonal waren selbstverständlich, größere Auslandsreisen jederzeit möglich. Virginia bezog von ihrem ererbten Vermögen 400 Pfund Zinsen im Jahr (zum Vergleich: D. H. Lawrence erhielt 1908 für seine erste Stelle als Lehrer 40 Pfund Jahresgehalt); Leonard besaß damals ein Vermögen von 500 Pfund.

Nach der Verlobung hatten sich die beiden vorgenommen, ein kleineres Haus zu kaufen und bescheiden zu leben, «damit wir nicht Geld dazu verdienen müssen». Denn Leonard hatte ausgerechnet, daß sie von den Zinsen allein ihr gewohntes Leben nicht würden fortsetzen können. Die Schriftstellerei war nicht einträglich genug, trotz eines strengen Zeitplans, der vorsah, daß jeder von ihnen täglich am Vormittag 750 Wörter schrieb und, statt des Spaziergangs, am Nachmittag noch einmal 500. Virginia, die gelegentlich einkaufen ging, manchmal das Silber putzte und in größeren Abständen Taschentücher säumte, war kurz vor der Hochzeit mit der sechsten und vorletzten Fassung ihres Romans «Die Fahrt hinaus» fertig geworden.

Beide begannen, sich ernsthaft nach zusätzlichen Geldquellen umzusehen. Leonard bot sich der Coop-Gesellschaft und der «Women's Guild» als Mitarbeiter an. 1913 trat er in die «Fabian Society» ein, die von Sidney und Beatrice Webb gegründet worden war, und wirkte als Berater für die Labour Party. Er schrieb ein Buch über «Empire and Commerce in

Africa», in dem er den britischen Kolonialismus in Afrika verdammte, sowie ein Pamphlet mit dem Titel «Socialism and Cooperation»; er gab die Monatsschriften «The International Review» und «War and Peace» heraus und kandidierte für die Labour Party bei den Unterhauswahlen von 1920. Maynard Keynes stellte ihn als Literaturredakteur der «Nation» ein, er hielt Vorträge und saß in zahlreichen Kommissionen.

Virginia respektierte diese Aktivitäten, war stolz auf «die allgemeine Bedeutsamkeit und Glorie» ihres Mannes, empfand aber die ungebildeten Arbeiter, mit denen er oft zu tun hatte, als fremd, ja abstoßend; für den Plebs hat sie nur Geringschätzung übrig. «Diese klebrige, klumpatschige, geballte Masse von Menschen, verschlafen und stumpf wie eine Traube naßgewordener Bienen ...» Bei einem Abendessen im Hause der Shaws amüsierte sie sich über die kauzigen Webbs und registrierte, daß sie selber für die grimmigen «Fabians» ganz uninteressant war – in dieser Umgebung zählte allein der ebenso grimmige Leonard. Auf dem Heimweg stritten sie sich: «Leonard hält große Stücke auf Shaw. Ich sage, er wirkt bloß an der Oberfläche – ans Herz rühren nur die Dichter. Leonard sagt: Unsinn!, ich sage: Du begreifst nichts! Wir gehen nach Hause. Leonard sagt, ich bin engstirnig, ich sage, er hat ein Brett vor dem Kopf.»

Virginia hatte schon früher am Morley College, einer Art Volkshochschule, gelegentlich Literaturkurse gegeben («die Leute stellen erstaunlich intelligente Fragen»); jetzt half sie, Vorträge für die «Women's Cooperative Guild» zu organisieren. Als sie vor Arbeiterfrauen über Geschlechtskrankheiten sprechen wollte – «schließlich sind diese Leute mehr davon betroffen als wir» –, verließen ihre spärlichen Zuhörerinnen protestierend den Saal.

Das wohlwollende Echo auf ihren ersten Roman «Die Fahrt hinaus», der im Februar 1915 erschien, stärkte ihr Selbstvertrauen. Gegen alle Vorsätze kauften die Woolfs in

Die Jungvermählten im Freizeitkostüm in Asham House, Sussex. Virginia hatte das Haus 1912 entdeckt; beide hingen an der eleganten, unpraktischen ‹gentleman's residence›.

Richmond, einem westlichen Vorort von London, zuerst die eine, dann die andere Hälfte eines weitläufigen Herrenhauses. Sie stellten neues Personal ein und erfüllten sich einen Extrawunsch: für vierzig Pfund erwarben sie im März 1916 eine kleine Handpresse. Nicht um mit dem Drucken Geld zu verdienen, sondern aus Liebhaberei («wir wollten die Geschichten unserer Freunde drucken»), vor allem aber aus therapeutischen Gründen: Leonard hoffte, daß die Handarbeit des Druckens seiner psychisch sensiblen Frau guttun würde, und Virginia wünschte sich, daß der Verlag ihren Mann mehr ans Haus binden möge.

Die «Hogarth Press» ist zu einem Symbol ihrer Ehe geworden; die Geschichte des Verlages ist auch die Geschichte ihrer Partnerschaft. Auf der Titelseite des ersten gemeinsam verlegten Werkes traten die beiden als Paar an die Öffentlichkeit: «Publication No. 1, written and printed by Virginia Woolf and L. S. Woolf» steht unter den Geschichten «Drei Juden» und «Das Mal an der Wand». Ein Selbstverlag als Gemeinschaftsfirma ohne Startkapital und ohne daß auch nur einer von beiden über praktische Erfahrung verfügte – das Bronzeschild «The Hogarth Press» an der Haustür war die äußere Besiegelung eines überaus unsoliden Geschäftsunternehmens. Für die Publikation Nr. 2, die Kurzgeschichte «Prelude» von Katherine Mansfield, brauchten sie fast ein Jahr. Weil Leonards Hände so stark zitterten, mußte Virginia den mühseligen Handsatz alleine bewältigen; er besorgte den Seitenumbruch und kümmerte sich um das mechanische Funktionieren der im Wohnzimmer aufgestellten Druckmaschine.

Im Frühjahr 1918 bot ihnen Harriet Weaver das Manuskript von James Joyces Roman «Ulysses» zum Druck an. Sie lehnten ab – es war ihnen zu lang, zu schwierig zu drucken. Leonard, der Fehler nicht zugeben konnte, hat diese Entscheidung zeitlebens verteidigt, ebenso wie seine Ablehnung von W. H. Auden, Jean-Paul Sartre und Saul Bellow. Die

Wende kam, als Virginias Erzählung «Kew Gardens» – sie war 1919 mit einem von Vanessa Bell entworfenen Umschlag erschienen – im «Times Literary Supplement» gelobt wurde. Das Interesse an der Hogarth Press stieg sprunghaft. Als die Jungverleger von einem Wochenendurlaub zurückkamen, fanden sie hinter der Haustür einen Berg Bestellungen. Nach diesem kommerziellen Durchbruch beschlossen sie, mit dem Schreiben ernst und aus dem Hobby ein Unternehmen zu machen.

Virginias erste Romane, «Die Fahrt hinaus» (1915) und «Nacht und Tag» (1919) waren noch im Verlag ihres Halbbruders Gerald Duckworth erschienen (der sie, nach altem Familienbrauch, weiterhin mit «Liebe Ziege» anredete). Daß Virginia und Leonard Woolf von nun an ihre Werke im eigenen Verlag veröffentlichten, hat ihnen den Vorwurf der Selbstreklame eingetragen und ihre Bücher eine Weile lang mit der Aura des Selbstgestrickten und hobbyhafter Heimarbeit umgeben. Erst als die Woolfs selber im Zentrum der literarischen Macht agierten und mit ihrem Verlagsprogramm den literarischen Markt in England zu beeinflussen begannen, verstummten die Zweifel an der Professionalität der Hogarth Press.

Die Arbeit wuchs dem Verlegerehepaar bald über den Kopf. Mitarbeiter wurden angeheuert, die aber meist schon nach kurzer Zeit Krach mit Leonard hatten – keiner konnte es ihm recht machen. «Ich war nie jemand, mit dem man gut zusammenarbeiten kann», bekannte er offen. Sein Jähzorn war gefürchtet. Er geriet außer sich, wenn ein Angestellter eine Minute zu spät zur Arbeit erschien, einen alten Briefumschlag nicht wieder verwendete oder vergaß, die Anschrift eines Buchkäufers zu notieren. Leonard war ein Perfektionist, der den eigenen Arbeitsstil für den einzig richtigen und auch von Virginias Ideen zu praktischen Verbesserungen wenig oder gar nichts hielt. Er hörte sich die Vorschläge anderer Leute über Programm und Geschäftsführung des Verlages geduldig an, machte dann aber, was er wollte, mit einer Ausnahme: Virginias Urteile über Manuskripte akzeptierte er ohne Widerspruch.

T. S. Eliots «Waste Land» oder Sigmund Freuds Werk in England bekannt zu machen, war nicht leicht, und auch die in der Hogarth Press verlegten Bücher von Robert Graves, Herbert Read, Italo Svevo, Rilke, Robinson Jeffers, Christopher Isherwood und Henry Green brauchten lange, bis sie sich durchsetzten – die Woolfs fanden nichts dabei, Titel des eigenen Hauses in anonymen Rezensionen zu propagieren. Der geschäftliche Erfolg des Verlages beruhte vor allem auf dem steigenden Umsatz von Virginias Büchern, auf der Freud-Ausgabe, die zum Longseller wurde, und auf einer Reihe von Glückstreffern wie den Bestsellern von Maynard Keynes und Vita Sackville-West. In der Reihe «Day to Day Pamphlets» der Hogarth Press erschien im Oktober 1933 als Nr. 18 «The Political and Social Doctrine of Fascism» von Benito Mussolini; Leonard hatte die «Nützlichkeit» des Titels erkannt, der es in kurzer Zeit auf vier Auflagen brachte.

Die umständliche Handarbeit des Setzens, Druckens, Bindens und Verpackens veränderte das Verhältnis der Woolfs zum Lesen, Schreiben und Herstellen von Büchern. Sie fühlten sich endlich unabhängig und konnten nun ihre Ansichten frei von allen Rücksichtnahmen auf Lektoren, Verleger und Kritiker aussprechen. So versuchte Leonard zum Beispiel in der Geschichte von den «Drei Juden» seinem Außenseiterkomplex literarische Form zu geben. Für die Juden dieser Erzählung sind die Engländer glanzlose, kleinkarierte Typen; sie selber sehen sich als exotische Fremde in karger Umgebung. Das Bewußtsein der Andersartigkeit, das Leonard nach seiner «Mischehe» mit Virginia nie losgeworden ist, kam hier ebenso unverstellt wie unbeholfen zum Ausdruck. Der Antisemitismus seiner Frau löste bei ihm Reaktionen aus, die zwischen dem Wunsch nach Integration und störrischem Stolz auf die eigene Herkunft schwankten.

Virginia war überzeugt, daß die fotografisch genaue Ab-
bildung der Wirklichkeit nichts über diese aussagt; hinzu-
kommen muß die sprachliche Gestaltung intensiv erfahrener
Augenblicke. In ihrem ersten Roman «Die Fahrt hinaus»
hatte sie sich weniger auf die Handlungen der Figuren konzentriert als vielmehr auf die Art und Weise, wie sie in ihrem
Bewußtsein unterschiedliche Eindrücke verarbeiten. Einer
der Akteure, Terence Hewet, möchte einen Roman schreiben, der nur aus dem besteht, «was die Leute nicht aussprechen». Sie hoffte, daß die Leser darauf sowohl kontemplativ
als auch kreativ reagieren und sich bisher nicht wahrgenom-
mene Aspekte der Wirklichkeit erschließen würden. Sie
wußte, daß schon die kausale Verknüpfung von Handlungs-
elementen in einem Roman die Wirklichkeit verfälschen
kann; deshalb kreiste sie in der Geschichte «Das Mal an der
Wand» nur um Bedeutung und Folgen eines solchen Flecks
und erging sich in Reflexionen über den Unterschied zwischen Denken und Handeln, Ideal und Wirklichkeit, Wör-
tern und Gegenständen.

Ihr zweiter Roman, «Nacht und Tag», beschreibt mit
pseudorealistischer Umständlichkeit, wie eine hochintelli-
gente junge Frau aus großbürgerlichem Milieu einen ersten
Liebhaber zurückweist und einen zweiten annimmt. Die ironische Tonart, das Anknüpfen an die Welt und den Stil von
Jane Austen wirkte auf die meisten Kritiker befremdlich und
rückwärtsgewandt. Der Eindruck überwog, daß die nicht gerade aufregende Handlung – sie ist auf einen altmodischen
«plot» hin angelegt und in der Vorkriegszeit angesiedelt – bewußt auf Experimente verzichtet, sich ganz auf den Verwir-
rungseffekt forcierter Partnersuche verläßt und mit den Illusionen leichtgläubiger Idealisten spielt. Katherine Hilbery
verlobt sich mit dem faden Beamten William Rodney und
beschwört damit vorhersehbare Konflikte herauf; die Stimmung eines heiter-melancholischen Abschieds vom viktorianischen England durchzieht das ganze Buch. Virginia hat

den Roman später als einen Versuch beschrieben, mit dem sie sich selbst beweisen wollte, daß sie im Schreiben Schutz vor dem drohenden Wahnsinn finden kann.

Es gibt aber noch eine andere Perspektive, aus der sich Virginias zweiter Roman betrachten läßt. «Nacht und Tag» ist auch eine Reaktion auf Leonards Schlüsselroman «Die weisen Jungfrauen». Beide Bücher haben unübersehbare autobiographische Hintergründe. Als sie den zweiten Roman ihres Ehemanns gelesen hatte, schrieb Virginia in ihr Tagebuch: «Eine bemerkenswerte Leistung» und fügte hinzu, daß sie Leonards «poetische Ader» sehr schätze. Leonard hatte in diesem Buch die Umstände ihrer Verlobung zu beschreiben versucht und dabei die Familien Woolf und Stephen sarkastisch porträtiert.

Die schriftstellerischen Anfänge des Paares stehen in einem bisher noch wenig untersuchten Spannungs- und Abhängigkeitsverhältnis. Virginias «Die Fahrt hinaus» war 1913 fertig geworden, im gleichen Jahr, in dem Leonards «Das Dorf im Dschungel» herauskam, erschien dann aber erst im März 1915. Sie hatte schon lange, bevor Leonard in ihr Leben trat, mit dem Buch begonnen. Es sollte zunächst «Melymbrosia» heißen und bereitete ihr größere Schwierigkeiten – bis hin zur Endfassung, mit der sie so unzufrieden war, daß sie fest mit einer Ablehnung durch den Verlag rechnete. Als das Manuskript dann doch zur Veröffentlichung angenommen wurde, geriet sie fast in Panik, weil sie überzeugt war, die Kritiker würden das Buch verreißen. Wenige Monate nachdem Leonards Roman erschienen war, unternahm sie am 9. September 1913 einen Selbstmordversuch.

«Das Dorf im Dschungel» war Leonards literarische Verarbeitung der Probleme, auf die er sich als mittelständischer Jude eingelassen hatte, als er beschloß, Virginia zu heiraten. Der Roman handelt von zwei jungen Leuten, die heiraten wollen, mit diesem Vorsatz aber gegen alle Kastengesetze und Rassenkonventionen verstoßen. Auch Leonard fühlte sich Virginia gesellschaftlich und moralisch unterlegen, weil er mit seiner Sinnlichkeit nicht zurecht kam. «Manchmal macht mich die Stärke Deines Begehrens zornig», hatte sie ihm geschrieben. Später hat er versucht, den Roman als Ausdruck seiner Sympathien für die Singhalesen und seiner Ablehnung des britischen Imperialismus zu beschreiben, konnte damit aber die ins Auge springenden persönlichen Zusammenhänge nicht verwischen. Virginia fand das Buch «erstaunlich gut»; heimlich hat sie womöglich in Leonard einen literarischen Rivalen zu fürchten begonnen.

Während sie sich langsam von einer ihrer schwersten Krisen erholte, schrieb Leonard an seinem zweiten Roman, den «Weisen Jungfrauen». Und kaum hatte sie ihr seelisches Gleichgewicht wiedergewonnen, begann auch sie, noch auf dem Krankenbett, an ihrem zweiten Roman zu arbeiten – es entsteht die erste Fassung von «Nacht und Tag».

Schon ein flüchtiger Vergleich zeigt, daß Virginias Buch eine Erwiderung auf Leonards Roman ist und zugleich ein Kommentar zu einem Text, der in seiner frauenfeindlichen Grundhaltung und mit seinen zynischen Porträts der Stephen- und der Woolf-Familie verstörend auf sie gewirkt haben muß. «Nacht und Tag» ist aber auch die fiktional verkleidete Geschichte ihrer Beziehung zu Leonard. Virginia benutzt Versatzstücke aus dem Roman ihres Mannes und stellt sie in einen neuen Zusammenhang – in der Absicht, etwas Allgemeingültiges über die Macht jener Konventionen auszusagen, die das Verhältnis der Geschlechter in ihren Kreisen am Anfang des zwanzigsten Jahrhunderts bestimmten.

Auch Leonard hatte die Kritik der edwardianischen Generation an den Moralvorstellungen der Viktorianer literarisch entwickeln wollen, aber sein Roman war ihm unter der Hand zur Karikatur geraten. Seine Frauenfiguren sind gefühllose Verführerinnen, die Männer willenlose Wachsfiguren in ihren Händen: der Geschlechtstrieb hat sie um den

Verstand gebracht. Die Parallelen zum misogynen Weltbild der «Apostel» liegen auf der Hand. Die soziale Kluft zwischen den Protagonisten des Romans ist ein Spiegelbild des gesellschaftlichen Abstands, den Leonard nach wie vor zwischen sich und Virginias Familie sieht. Seine Mutter war vom Porträt der Woolf-Familie in den «Weisen Jungfrauen» entsetzt und beleidigt. Der junge jüdische Maler Harry Davis, die männliche Hauptfigur, ist arrogant, zynisch und egozentrisch. Er hat sich in den Kopf gesetzt, sich einer gesellschaftlichen und kulturellen Elite anzuschließen, zu der er aufblickt und die er gleichzeitig verachtet. Die weibliche Hauptfigur, Camilla Lawrence, eine kühle, intellektuelle Schönheit, hat mit Virginia mehr als nur entfernte Ähnlichkeit. Feinsinnig, weltentrückt und geistesabwesend, ist sie sich der Leidenschaften, die sie in ihren Verehrern auslöst, kaum bewußt. Ihre ältere Schwester, in der sich unschwer Vanessa erkennen läßt, warnt alle Heiratskandidaten vor ihrer erotischen Distanziertheit und versucht gleichzeitig, ihr zu erklären, daß ein Ehemann sich wohl kaum damit zufrieden geben würde, bloß in sie verliebt zu sein. Die törichten und die klugen Jungfrauen aus dem biblischen Gleichnis sind hier auf den Typ der verführerischen und der frigiden Frau reduziert. Leonard hatte, wie erwähnt, schon vor der Hochzeit ein poetisches Porträt seiner Braut entworfen, in dem er ihr den Namen Aspasia gab – so hieß die geistvolle zweite Frau des Perikles –, und sie mit einem schneebedeckten Hügel verglichen; Virginia empfand diesen Vergleich nicht als schmeichelhaft.

Sexuelle Aktivitäten, besonders zwischen Partnern aus den niederen Ständen, hielt sie seit je für unzivilisiert, ja animalisch. Der körperliche Aspekt der Liebe hatte für sie etwas Peinliches, Unangenehmes. Gleich am Anfang der «Weisen Jungfrauen» ist die Rede von elementaren Leidenschaften, wie sie im Dschungel und in den Höhlen der Urmenschen geherrscht haben müssen. Spielt Leonard hier auf die

Dschungel-Szene in Virginias Brautwerbungs-Roman «Die Fahrt hinaus» an, die mit dem Tod der Heldin endet?

Virginia reagierte in ihrem Roman differenzierter auf die zeitgenössischen Vorstellungen vom Verhältnis der Geschlechter. Sie wählte eine Erzählperspektive, die es ihr erlaubte, die männlichen Reaktionen wenn nicht objektiv, so doch wenigstens distanziert darzustellen; ursprünglich wollte sie unter dem Titel «Träume und Wirklichkeiten» eine körperlose Traumwelt der realen Welt heterosexueller Beziehungen gegenüberstellen. In beiden Romanen leiden die Männer unter einem Mangel, der, so glauben sie, nur durch eine Frau beseitigt werden kann. Aber während Leonard diese Konstellation lediglich beschrieb, versuchte Virginia, eine Erklärung dafür zu finden. Für sie waren die männlichen Vorstellungen von weiblicher Sexualität verletzend; der Gedanke, daß die Frauen den Männern körperliche Dienste schuldig seien, war ihr fremd, ja zuwider. Genau diese Haltung aber verklärte Leonard in den «Weisen Jungfrauen», wo einer seiner maskulinen Helden erklärt: «Ich weiß nicht, ob Frauen je verstehen, was sie für uns bedeuten. Sie begreifen einfach nicht, daß wir einen Körper haben, Wesen aus Fleisch und Blut sind. Das macht die Beziehungen zu ihnen so unerträglich: nur wenn die Frauen wild sind und lockere Sitten haben, sind sie auch leidenschaftlich.» Virginia porträtierte in ihrem Roman eine Frau, die zwar nicht wie eine (männlich definierte) Frau reagieren kann, die aber die männlichen Moralvorstellungen übernimmt. Die Männerfiguren dagegen müssen sich mit der Rolle von Nachtwandlern zufriedengeben. War das Virginias Rache für jene schlafmützige Camilla, in der Leonard ein Bild von ihr geben wollte?

Ralph Denham in «Nacht und Tag» und Harry Davis in den «Weisen Jungfrauen» heiraten in eine höhere Gesellschaftsschicht und überschreiten damit auch kulturelle Grenzen. Sie verachten sich dafür, und sie fühlen sich machtlos gegenüber den Trieben, die sie zu ihren Frauen treiben. Leonard zeigte Verständnis für seinen Helden und sparte nicht mit misogynen Bemerkungen. Virginia suchte nach Gründen und fand sie in der lähmenden Wirkung sozialer Konventionen, besonders auf die Frauen. In jenem Brief an Leonard, der ihn zum Ausscheiden aus dem Kolonialdienst bewog, hatte sie erklärt, daß für sie die Ehe «kein Beruf» sei. In ihrem Roman griff sie die viktorianische Vorstellung an, daß eine anständige Frau nur ein einziges Ziel haben könne, nämlich unter die Haube zu kommen. Virginia zeigte, wie sehr das traditionelle Ehemodell in der Struktur der patriarchalischen Familie verankert ist und umgekehrt. Die eigene Familie schonte sie dabei ebenso wenig wie die Ehe der Schwester Vanessa, der die Lektüre des Romans Qualen bereitet haben muß. In großer Klarheit, und wahrscheinlich mit einem ironischen Seitenblick auf Leonards Vorstellungen, stellte Virginia fest, daß in den gehobenen Kreisen Frauen zwischen Vätern und Ehemännern «verhandelt» werden. Die Väter spielen dabei eine besonders unrühmliche Rolle; sie lehnen jede Verantwortung für ihre Töchter ab und sind allein darauf bedacht, den Familienfrieden zu wahren.

Beide, Virginia und Leonard, suchten auf ihre Weise nach Alternativen zu den patriarchalischen Geschlechterbeziehungen. Leonard schien für eine Liberalisierung heterosexueller Verhältnisse zu plädieren, gab sich aber mit intellektuellen Freundschaften zufrieden, wie er sie aus seiner Studentenzeit kannte. Virginia, komplexer und experimentierfreudiger, ließ durchblicken, daß sie sich auch für homoerotische Kontakte zwischen Frauen erwärmen konnte – sie waren für sie durchaus eine Alternative zu jener grobschlächtigen Sexualität, die Leonards Buch verströmte. Aber wie die Hauptfigur von «Tag und Nacht» zügelte sie ihre latenten lesbischen Neigungen, indem sie eine heterosexuelle Beziehung einging.

Leonard hat danach keine Romane mehr geschrieben – er hatte begriffen, daß er auf diesem Feld mit seiner Frau nicht konkurrieren konnte. Als er dann auch mit seinem Theaterstück scheiterte, verfaßte er nur noch Sachbücher. Während seiner Ehe mit Virginia hat er nicht weniger als fünfzehn solcher Bücher veröffentlicht, überwiegend politische und historische Abhandlungen; rechnet man alles zusammen, ist seine Publikationsliste länger als ihre. Mit achtzig Jahren veröffentlichte er den ersten Band seiner Autobiographie; der fünfte und letzte Teil erschien 1969, als er fast neunzig war.

In der Zeit zwischen 1917 und 1920 wurde für beide Woolfs die Schriftstellerei endgültig zum Beruf. Virginia verdiente mit journalistischen Arbeiten etwa 150 Pfund im Jahr, Leonard kam 1919 bereits auf 580 Pfund. Als Herausgeber der «International Review» erhielt er ein Jahresgehalt von 250 Pfund. Erst Mitte der zwanziger Jahre, als sie schon über vierzig war, verdiente Virginia mit ihren Büchern so viel, daß sie davon auch alleine hätte leben können. Danach stiegen ihre Einkünfte von Jahr zu Jahr und erlaubten dem Paar ein bequemes Leben ohne finanzielle Sorgen. (Zur gleichen Zeit arbeitete T. S. Eliot noch für einen Hungerlohn in einer Londoner Bank, und James Joyce schlug sich mühsam als Sprachlehrer durch.)

Für Virginia war in jener Zeit anderes wichtiger als Geldverdienen: sie wollte «neue Formen für unsere neuen Empfindungen finden»; der Widerspruch zwischen den radikalen Ausdrucksmitteln der Moderne und ihrem bisherigen konventionellen fiktionalen Werk wird ihr immer quälender bewußt. Ein großer Teil ihrer schöpferischen Energie fließt in dieser Zeit in das Tagebuchschreiben. Sie hatte es im August 1917 wieder aufgenommen, und immer mehr wurde das Tagebuch für sie ein virtueller Partner: Beruhigungsmittel, Prüfstand für Beobachtungen («seeing life») und Übungsfeld für Charakterskizzen. «Mein Tagebuch ist wie eine geräumige Reisetasche, in die man einen Haufen Krimskrams hineinwirft, ohne ihn zu sichten.»

Das Diarium diente aber auch als Versteck für Heimlichkeiten, von denen Leonard nichts erfahren sollte, wie zum Beispiel ihre erotisch gefärbte Sympathie für Mary Hutchinson, die exzentrische Cousine von Lytton Strachey. Um dem Gatten die Harmlosigkeit der eigenen Eintragungen zu demonstrieren, bat sie ihn mitunter, er möge ein oder zwei Seiten in ihr Tagebuch schreiben, was er mit pedantischer Präzision auch jedesmal tat. Es kam vor, daß sie im Tagebuch über einen Einkaufsbummel mit Leonard berichtete, in einem Brief vom selben Tage an Vanessa aber von Einkäufen schrieb, die sie allein getätigt habe – der Schwester gegenüber hat sie Leonards Rolle in ihrem Leben immer heruntergespielt.

Im Tagebuch schrieb sie sich auch ihre Vorurteile gegen Freud und die Psychoanalyse von der Seele. Das Modethema war damals in aller Munde, ihr Bruder Adrian und seine Frau Karin ließen sich gerade zu Psychoanalytikern ausbilden, Melanie Klein hielt in ihrem Haus Vorträge und Seminare. Leonard hatte ein lebhaftes Interesse an Freud entwickelt und betrieb mit Nachdruck das große Freud-Projekt der Hogarth Press. Virginia setzte sich währenddessen keck mit Stracheys Lobgesängen auf die «British Sex Society» auseinander («Ich überlege, ob ich Mitglied werden soll ...»). In einer Mischung aus Herablassung und neuerwachtem Intimitätsbedürfnis wandte sie sich jetzt immer häufiger erotischen Themen zu.

Daneben wurden die privaten Aufzeichnungen ein Archiv von Leseerfahrungen. Lesen war für Virginia eine Tätigkeit von beglückender Intimität. «Ich muß ein Buch pro Tag lesen.» Bücher, so sagte sie, sind wie Menschen, und Lesen sei wie der Umgang mit einer Freundin. In Notizen, Exzerpten, Skizzen und Resumés setzte sie sich mit den Büchern, die sie gelesen hatte, auseinander: originell, unverhohlen voreingenommen, eifersüchtig, dünkelhaft (etwa wenn sie den «Ulysses» ein «ungebildetes Buch» nennt, «das Werk eines autodidaktischen Proleten», oder Hemingway einen «anfängerhaften Schreiber»); besonders schwer tut sie sich mit Zeitgenossen, die sie instinktiv als Rivalen empfindet. «Kein schöpferischer Mensch kann einen anderen schöpferischen Menschen neidlos akzeptieren», notierte sie. Und allmählich entwickelte sich daraus ein unverwechselbares Ausdrucksmittel: der Essay wird zur Form, in der sie sich über ihre literarischen und ästhetischen Prioritäten Rechenschaft ablegt und fast beiläufig, ohne theoretischen Aufwand, die Wende zur Moderne vollzieht.

Warum sie so lesewütig war, hat sie sich oft gefragt, und als Erklärung angeboten, daß sie sich nach Gefühlseindrücken sehnte, die über die normalen Reaktionen hinausgingen. Bücher bewertete sie nach der Intensität der Empfindungen, die sie auslösten. Lesen hatte für Virginia etwas mit Lust zu tun, es war ein unmittelbar sinnliches Vergnügen. «Das ego richtet sich beim Lesen wie jener anderer Körperteil auf, den ich hier lieber nicht bei Namen nennen will», schrieb sie frivol der Komponistin Ethel Smyth und steigert sich in einen Vergleich des Lesens mit dem Liebesakt: «Lesen ist ein Sich-selbst-Verlieren, das Eindringen in einen anderen, die Erfüllung der Sehnsucht nach Vereinigung: Lesen ist etwas genauso körperlich Befriedigendes wie die Liebe.»

Lesen und Schreiben waren aber auch wie das ziellose Wandern durch die Straßen einer Stadt, passiv und aktiv, beruhigend und kräftigend zugleich. Sie beobachtet an sich selbst, daß die großen Bücher ihre Wirkung erst vor dem Hintergrund der unzähligen kleinen, normalen, trivialen, alltäglichen Geschichten entfalten, die man zufällig und ziellos liest und die der eigentliche Nährboden des Lebens sind. «Man kann nicht immer nur Keats oder ‹King Lear› lesen. Was wir brauchen, sind Leihbüchereien mit dem normalen Kitsch», stellt sie lakonisch fest.

Durch den Verlag und die Schriftstellerei kamen die Woolfs in Kontakt mit immer neuen Künstlern, Intellektuellen und Schriftstellern. Komplizierte Beziehungen entwickelten sich zu Katherine Mansfield und T. S. Eliot. An der sechs Jahre jüngeren Neuseeländerin, die ihr äußerlich so unähnlich war, bewunderte Virginia vor allem die Handwerklichkeit und Professionalität des Schreibens. Sie hatte manches mit ihr gemeinsam: eine kinderlose Ehe, die heimtückische Krankheit, Todesfälle in der Familie. Sie empfand Katherine aber auch instinktiv als Konkurrentin. Privat mokierte sie sich über ihr Äußeres («mit ihren braunen Hundeaugen und dieser vulgären Nase hat sie etwas Billiges, Ordinäres»), stöhnte, daß sie «wie eine Zibet-Katze stinkt», und schwankte im Umgang mit der abwechselnd spröden und charmanten Katherine zwischen ekstatischer Übereinstimmung und frostiger Distanz. Die vermeintliche Rivalin hatte ihren Roman «Tag und Nacht» als intellektuell versnobt und altmodisch verspottet; die Verfasserin habe offenbar nicht begriffen, daß mit dem Ende des Weltkrieges auch das Ende des neunzehnten Jahrhunderts gekommen sei. Auch von Virginias Text «Das Mal an der Wand» hielt Katherine Mansfield wenig, und obendrein mißgönnte sie ihr offenbar auch noch den Ehemann: «Ich beneide Virginia», schrieb sie an eine Freundin, «kein Wunder, daß sie so gut schreibt! Ihre Bücher verströmen Selbstzufriedenheit: sie hat ein Dach überm Kopf, großbürgerlichen Besitz und den Gatten immer in Reichweite.» Sie selbst war seit 1918 mit dem Kritiker und Verleger John Middleton Murry verheiratet, der sich als Herausgeber der einflußreichen Zeitschrift «The Athenaeum» für T. S. Eliot und E. M. Forster einsetzte und seiner ehrgeizigen Frau ein ideales Forum bot, aber wegen seines skrupellosen Egoismus in Literatenkreisen sehr unbeliebt war. Leonard hielt mit seiner Meinung über das Paar nicht hinter dem Berg: «Murry hat auf irgendeine undurchsichtige Art Katherine als Mensch und als

# THE HOGARTH PRESS

Telephone
Richmond 496

Hogarth House
Paradise Road
Richmond
Surrey

## LIST OF PUBLICATIONS.

### NEW PUBLICATIONS.

Stories from the Old Testament. Retold by
LOGAN PEARSALL SMITH, author of
*Trivia.*                                    4s. 6d. net.

Paris, a Poem. By HOPE MIRRLEES, author
of *Madeleine.*                          3s. net.

### TO BE PUBLISHED SHORTLY.

The Story of the Siren. By E. M. FORSTER.
2s. 6d. net.

### PREVIOUS PUBLICATIONS.

VIRGINIA WOOLF
The Mark on the Wall. Second edition.
1s. 6d. net.

Kew Gardens. With woodcuts by
VANESSA BELL. Second edition. 2s. net.

KATHERINE MANSFIELD
Prelude.                                  3s. 6d. net.

T. S. ELIOT
Poems. 2s. 6d. net.          *Out of print.*

J. MIDDLETON MURRY
The Critic in Judgment.          2s. 6d. net.

LEONARD & VIRGINIA WOOLF
Two Stories.                     *Out of print.*

Verlagsanzeige der Hogarth Press aus dem Jahr 1920, mit der Ankündi-
gung eines neuen Buches von E. M. Forster und dem bisherigen Programm
(Werke des Verlegerehepaares, von Katherine Mansfield und T. S. Eliot).

Schriftstellerin korrumpiert, pervertiert und zerstört. Sie war eine ernsthafte Autorin, mit einer großartigen Ironie und viel Zynismus. Aber dann geriet sie in den Sog seiner klebrigen Sentimentalität und schrieb wider die eigene Natur. Im Unterbewußtsein wußte sie das, und es machte sie rasend.» Als Virginia bei einem Abendessen mit T. S. Eliot die beiden in Schutz nahm, unterbrach Leonard sie mit dem Ausruf: «Murry ist ein Schwein!» («Tom widersprach ihm nicht», ergänzte sie trocken im Tagebuch.)

Katherine war die einzige Frau in ihrer Umgebung, die Literatur und Schreiben ernst nahm und mit der sie sich über die besonderen Probleme von Schriftstellerinnen unterhalten konnte. Beide waren überzeugt, daß sich der Geist der Moderne am besten in den kürzeren Formen darstellen ließ; die lähmende Ich-Besessenheit der epischen Romane von James Joyce oder Dorothy Richardson hielten sie für einen Irrweg. Virginia suchte nach Mitteln, mit denen sie die starren Erzählkonventionen aufbrechen konnte, nach einer Form, in der sich der Strom individueller Erfahrungen in seiner Vielfalt und Vielschichtigkeit wiedergeben ließ. Ein pointillistischer Oberflächenimpressionismus war dafür nicht geeignet, weil er keine Strukturen sichtbar macht. Das war auch der Kern ihrer Kritik an Katherine Mansfields Geschichte «Bliss», von der sie schrieb, es sei «eine dünne Gedankenschicht über steinigem Stoff, ohne Substanz, von bloß effekthascherischer Gescheitheit...». Neid auf die technische Versiertheit der Kollegin und kritische Einsicht waren bei solchen Bemerkungen schwer voneinander zu trennen.

Am 9. Januar 1923 starb Katherine Mansfield vierunddreißigjährig in Fontainebleau, fern von Murry. Ein Jahr davor hatte er Virginia gebeten, Katherine zu schreiben. Sie tat es, bekam aber auf ihren geistreichen, spontanen und herzlichen Brief nie eine Antwort. Das war das Ende der Freundschaft mit Katherine Mansfield; die «seltsame Mischung aus Faszination, Amüsiertheit und Verärgerung» – so versuchte sie ihr Verhältnis zu Mansfield auf einen Nenner zu bringen – wirkte noch lange nach.

Virginia fühlte sich angespornt, neue Ausdrucksmöglichkeiten zu erproben. In «Kew Gardens» und «Das Mal an der Wand» hatte sie schon mit neuen Stilmitteln experimentiert; in Aufsätzen wie «Modern Novels» (1919) versuchte sie, die Konturen der modernen Prosa im Werk von Lawrence und Joyce nachzuzeichnen. Fest entschlossen, in ihren Romanen und Erzählungen den Sprung in die Moderne zu wagen, war sie inzwischen auch bereit, die damit verbundene Außenseiterrolle in Kauf zu nehmen. Auch Katherine Mansfield war schließlich als Frau und Neuseeländerin eine Randfigur in der englischen Literaturszene gewesen, nicht anders als der irische Kleinbürgersohn und im Exil lebende James Joyce oder der in London belächelte Amerikaner T. S. Eliot.

Obwohl sie aus der Bloomsbury-Welt durchaus einiges an Unkonventionalität gewöhnt war, tat sie sich mit dem proletarischen D. H. Lawrence schwer, und auch an den scheinbar hemmungslosen, ausufernden Stil von James Joyce konnte sie sich nie gewöhnen. Hinzu kam, daß sie als Frau auf diese Männer mit Eifersuchts- und Rivalitätsgefühlen reagierte, in die sich der Dünkel und die Arroganz der eigenen sozialen Herkunft mischten. Schon früher hatten ihr die Brillanz und Genialität von Männern wie Maynard Keynes oder Lytton Strachey zu schaffen gemacht – sogar Leonard empfand sie in manchen Situationen als intellektuellen Konkurrenten.

T. S. Eliot, aus St. Louis, Missouri, lebte seit 1915 als Gymnasiallehrer für Französisch und Philosophie in England. Er war mit Vivien Haigh-Wood verheiratet, einer hypersensiblen, schwierigen Frau, deren Geist sich allmählich verdüsterte und die schließlich in einer geschlossenen Nervenheilanstalt dahindämmerte. Leonard und Virginia waren durch den Gedichtband «Prufrock and Other Observations» auf den selbstbewußten Amerikaner aufmerksam geworden und boten ihm an, sein nächstes Buch in der Hogarth Press zu drucken. 1919 brachten sie T. S. Eliots «Poems» heraus, sechzehn Seiten, handgeheftet, in marmoriertem Umschlag. 1923 folgte in der Hogarth Press Eliots berühmtes Poem «The Waste Land» (mit einer Reihe von sinnentstellenden Druckfehlern: daß sich die Menge «under» und nicht «over» die London Bridge wälzte, hat Anlaß zu allerlei interpretatorischen Spitzfindigkeiten gegeben). Eliot, der das lange Gedicht schon ein Jahr zuvor in der ersten Nummer seiner Zeitschrift «Criterion» veröffentlicht hatte, arbeitete inzwischen bei derr Lloyds Bank in London. Auf die meisten seiner Bekannten wirkte er kühl, gekünstelt und korrekt. «Mr. Eliot», schrieb Virginia an ihre Freundin Violet Dickinson, «ist ein Amerikaner von höchster Kultiviertheit, aber was er schreibt, ist unverständlich. Hinter seiner Maske ist er sehr intellektuell, intolerant und überzeugt davon, daß Ezra Pound und Wyndham Lewis große Dichter sind; Joyce bewundert er über alle Maßen.»

Früh spürte sie, daß Eliot nicht gerade frauenfreundlich war, und bei der ersten Einladung ins Monk's House scheint es einigermaßen steif zugegangen zu sein. Virginia war offenbar von Eliots intellektueller Überlegenheit so beeindruckt, daß sie an ihrem Roman «Jakobs Zimmer» wochenlang nicht weiterschreiben konnte. Das Verhältnis zu «Tom» blieb gespannt; Phasen der Nähe und Vertrautheit wechselten mit Rivalität und herber Kritik. Wenn Eliot ihr schrieb: «Wir verbringen die meiste Zeit mit lähmender Unzufriedenheit über die eigene Arbeit und mit sinnlosem Neid auf die anderen», sprach er ihr aus der Seele. Aber als sie, zusammen mit Ottoline Morrell, Geld sammelte, um ihn von dem lästigen Job eines Bankangestellten zu erlösen, reagierte er zögernd, verstört, lehnte auch den Redakteursposten bei der «Nation» ab, der schließlich an Leonard ging. Der Grund: die Probleme mit seiner psychisch labilen Frau Vivienne wurden immer größer. Virginia fand die «parfümierte, morbide Egoistin zum Speien – sie hängt ihm wie ein Frettchen um den Hals». Sie ahnte nicht, daß Eliot hinter ihrem Rücken Leonard um Rat bat, wie man mit einer nervenkranken Frau umgeht, und hätte den Gedanken, daß man sie und Vivien in irgendeiner Hinsicht für vergleichbar halten könnte, weit von sich gewiesen. Leonard half Eliot dabei, die englische Staatsbürgerschaft zu erwerben, und gab ihm psychologische und medizinische Ratschläge. Virginias Abneigung gegenüber Vivien steigerte sich so, daß sie sich weigerte, das Paar je wieder einzuladen. Die Ehe der Eliots zerbrach. «Tom» fiel in eine schwere Nervenkrise. Bevor Vivien für immer in einer geschlossenen Anstalt verschwand – Leonard hatte seine Frau 1913 vor einem solchen Schicksal bewahrt –, richtete sie einen letzten Hilferuf an Virginia, die sie für eine Verbündete hielt. Er verhallte ungehört – Virginia zeigte sich vom Schicksal dieser Frau wenig beeindruckt: «Vivien scheint verrückt geworden zu sein – die arme Person!»

T. S. Eliot und Virginia Woolf haben sich gegenseitig in einer Mischung aus Respekt und Mißtrauen verkannt. Sie hatte sich in «Jakobs Zimmer» deutlich von Eliots «The Love Song of J. Alfred Prufrock» anregen lassen. Der Roman besteht, wie das Gedicht, aus Fragmenten, abgerissenen Erzählfäden, komprimierten Bildern, deren Interpretation dem Leser überlassen bleibt. Sie machte sich seine Überzeugung zu eigen, daß in der Literatur das Erklären unnötig ist, die Fakten sollten für sich sprechen. Aber sie empfand seine Intellektualität auch als Bedrohung. Eliot seinerseits konnte mit Virginia Woolfs Werk nicht viel anfangen. Wenn es überhaupt Spuren davon in seinen Büchern gibt, dann vielleicht in dem Drama «Die Cocktail Party», in dem sich Anklänge an «Mrs. Dalloway» entdecken lassen.

Leonard und Virginia haben James Joyce nie kennengelernt, sich aber immer wieder mit seinem Werk auseinandergesetzt. Virginia war von Anfang an in ihrem Urteil über den Iren gespalten. In der Essaysammlung «Der gewöhnliche Leser» (1925) stellte sie ihn als «spirituellen» Autor weit über

Schriftsteller wie Wells und Galsworthy, die in ihren Augen rein materialistisch orientiert waren. Aber mit Joyces Roman «Ulysses» kam sie nicht zurecht. Sie hielt das Buch für schwach, weil es, so schrieb sie tatsächlich, «von der geistigen Armut seines Autors zeugt». Besonders bedenklich fand sie Joyces «Methode», sein schriftstellerisches Verfahren, das alle Kreativität im Keim ersticke und über einen beschränkten Egoismus nie hinauskomme. T. S. Eliot hat ihr diese Kritik sehr verübelt; er fand sie symptomatisch für die Engstirnigkeit und den Konservatismus der Bloomsbury-Intellektuellen.

Am heftigsten sträubte sie sich gegen Joyces «Unabhängigkeit» – hier zeigte sich, wie sehr sie trotz aller Libertinage noch in viktorianischen Moralvorstellungen befangen war. «Ulysses» war für sie ein krasser Fall von Geschmacklosigkeit. Sie verglich die ersten Kapitel des Romans mit den Pupertätspickeln eines Liftjungen, fühlte sich abwechselnd gelangweilt, irritiert, enttäuscht und begriff nicht, «wie Tom, der große Tom, einen solchen Schwachsinn neben Tolstois ‹Krieg und Frieden› stellen kann». Die Joycesche Obszönität wirkte auf sie «wie der Exhibitionismus eines Mannes, der lange nicht an der frischen Luft gewesen ist». Der eigentliche Grund, warum die Hogarth Press Joyces Roman nicht drucken wollte, war die Furcht vor der Zensur.

Virginias Abneigung gegen D. H. Lawrence kam aus der gleichen Quelle: sie war angewidert von der provozierenden Sinnlichkeit seiner Figuren und gelangweilt von dem Minderwertigkeitskomplex, unter dem er, so glaubte sie, wegen seiner Herkunft aus der Arbeiterklasse litt. Erst spät hat sie nach der Lektüre von «Söhne und Liebhaber» notiert: «Zu meinen Lebzeiten hat ein genialer Schriftsteller geschrieben – und ich habe seine Bücher nicht gelesen.»

Virginias Ansichten über ihre Schriftstellerkollegen waren meistens kritisch, häufig schroff. George Bernard Shaws Stücke hielt sie für «Alltags-Kitsch», Ezra Pounds Gedichte für «Humbug», und E. M. Forster nannte sie «konfus» (was ihr der so Bezeichnete lange nachtrug). Weitaus höher schätzte sie die Sitwell-Geschwister ein; wie bei Vita Sackville-West bewunderte sie an ihnen aristokratische Vornehmheit.

Probleme hatte sie mit dem Maler, Lyriker und Romancier Wyndham Lewis, der 1921 ein Porträt von ihr gezeichnet hatte, dem sie danach aber aus dem Weg ging, weil er sich mit ihren Maler-Freunden Duncan Grant und Roger Fry überworfen hatte. 1934 verfaßte Wyndham Lewis ein Pamphlet über den Niedergang der modernen englischen Literatur («Men Without Art»), in dem er Virginia Woolf für die «Feminisierung» der englischen Prosa verantwortlich machte und ihre bläßlich-blutleere Schreibweise hämisch dem männlich-saftigen Stil von D. H. Lawrence gegenüberstellte. Wyndham Lewis' pro-faschistische Neigungen vermengten sich hier fatal mit extrem konservativen ästhetischen Positionen. Leonard konnte seine Frau nur mit Mühe davon abhalten, eine Erwiderung zu verfassen; der Vorwurf der Ängstlichkeit, die Bezeichnung «introvertierte Matriarchin» und die Unterstellung, sie beäuge von der sicheren Warte einer Privatperspektive die bedrohliche Außenwelt, hatten sie tief getroffen. Virginia konnte es noch nie ertragen, wenn man sich über sie lustig machte; der Gedanke, daß ihr Werk der Lächerlichkeit preisgegeben werden könnte, brachte sie an den Rand des Wahnsinns.

Unter den Bloomsbury-Intellektuellen hat der charismatische Maler und Kunsttheoretiker Roger Fry ihre ästhetischen Anschauungen am stärksten beeinflußt. Als sie ihn 1910 kennenlernte, war er vierundvierzig, gerade aus Amerika zurückgekehrt, wo er Kurator am New Yorker Metropolitan Museum gewesen war, und mit einer Bewerbung um die angesehene Slade-Professur für Kunstgeschichte an der Universität Oxford gescheitert. Seine Frau Helen Coombe, seit Jahren psychisch labil, war gerade für unheilbar geisteskrank

Virginia Woolf 1925. Ein Studioporträt der Verlegerin und Romanautorin.
«Mrs. Dalloway» ist gerade erschienen.

erklärt und in eine geschlossene Anstalt eingewiesen worden, aus der sie, wie Vivien Eliot, nicht mehr herauskommen sollte. Virginia war von Fry sofort fasziniert. Sie fand seine hagere, asketische Erscheinung attraktiv, seine konzentrierte Art zu sprechen intellektuell stimulierend, und als er sich 1911 leidenschaftlich in Vanessa verliebte, war sie unverhohlen eifersüchtig.

Leonard war Roger Fry bei der zweiten Post-Impressionisten-Ausstellung von 1912 als Sekretär und Faktotum zur Hand gegangen. Die Bilder von Cézanne, Gauguin und van Gogh brachen mit der realistischen Malweise des neunzehnten Jahrhunderts, und wieder war das Publikum schockiert. «Neun von zehn Besuchern schüttelten sich entweder vor Lachen beim Anblick der Bilder oder beschimpften mich wütend. Diese Ausstellung gab mir ein trübes Bild von der menschlichen Natur, ihrer klassengebundenen Dummheit und ihrer Lieblosigkeit. Kaum einer machte den Versuch, die Bilder genau zu betrachten und sie zu verstehen», stöhnte Leonard. Zu den Gegnern der Ausstellung gehörte auch Virginias Arzt Dr. T. B. Hyslop; er nannte die ausgestellten Bilder «das Werk von Wahnsinnigen» und verurteilte die moderne Kunst pauschal als pathologisches Produkt von Geisteskranken.

In seinem Buch «Vision and Design» (1912) erläuterte Roger Fry an Matisse und Picasso seine Theorie von der visionären Erfahrung: das gelungene Kunstwerk, so erklärte er, gibt der Wirklichkeit eine «signifikante Form». Virginia stimmte spontan zu; sie hatte längst ähnliches in der Literatur empfunden. In ihren Reaktionen auf Bilder war sie bislang eher nüchtern und skeptisch gewesen. Jetzt ärgerte sie sich, daß sie die Begeisterung von Vanessa und Roger über ein Apfel-Stilleben von Cézanne nicht nachvollziehen konnte, obwohl sie mit der Schwester einen lebhaften Gedankenaustausch über Malerei und das Verhältnis von Literatur und bildender Kunst unterhielt. «Die Ausstellung ist,

Gott sei Dank, zu Ende», schrieb sie an eine Freundin; «Künstler sind eine abscheuliche Spezies. Ich finde die wilde Begeisterung dieser Leute über ihre grün und blau gestrichenen Leinwände ekelhaft!»

Roger Fry, der Mallarmé übersetzt hatte, eröffnete ihr einen Zugang nicht nur zur Malerei, sondern auch zur Kunsttheorie, er zeigte ihr, was es hieß, die Welt mit den Augen eines Künstlers zu sehen. Virginia war fasziniert. Schon seit einiger Zeit schwebte ihr ein Stil vor, der die Wirklichkeit auf «bedeutsame Formen» hin durchsichtig machen sollte, die sich sprachlich in kondensierten «Offenbarungen» oder «Visionen» darstellen ließen. Fry hatte ihr in einem Brief geschrieben, daß für ihn «die Betrachtung der künstlerischen Form eine besonders wichtige spirituelle Übung ist» und daß die Empfindungen, die von derartigen Betrachtungen ausgelöst werden, tiefer und nachhaltiger seien als alle anderen Gefühle. Das entsprach ziemlich genau ihrer eigenen Überzeugung, daß es in einem literarischen Text nicht so sehr auf Handlungen und Entscheidungen ankomme, sondern auf Sinneseindrücke und Bewußtseinszustände.

In «Nacht und Tag» hatte sie versucht, die formalistische Ästhetik, die Fry für die Kunst proklamierte, auf die Literatur zu übertragen. Der Roman sollte nicht mehr Ereignisse in chronologischem Ablauf und kausaler Verknüpfung beschreiben und dabei seine Protagonisten auf typische Eigenschaften reduzieren, sondern einen Eindruck von den vielfältigen und widersprüchlichen Aktivitäten des individuellen Bewußtseins vermitteln. Zu diesem Zweck mußte der Roman Anleihen bei anderen Gattungen machen, vor allem bei der Lyrik, wenn er poetische Dichte erreichen wollte. Seine Wirkung bestand in Bewußtseinsveränderungen, die den Horizont der Leser erweiterten und ihnen ein Gefühl der Freiheit vermittelten.

Neben Roger Fry hat auch der Schwager Clive Bell mit seiner Kunstauffassung Spuren in Virginia Woolfs Werk hinterlassen. Sein Buch «Art» (1914) war die erste übersichtliche und eingängige englische Darstellung der formalistischen Kunsttheorie; Bell, der aus seiner Abhängigkeit von Fry kein Geheimnis machte, hat dort zum erstenmal den Begriff «significant form» verwendet und ihn als entscheidendes Kriterium des ästhetischen Urteils propagiert. Für Virginia war Clive Bell, der auf die Zeitgenossen wie ein jovialer Landedelmann mit künstlerischen und intellektuellen Neigungen wirkte, ein früher Mentor (er begleitete ihre literarischen Anfänge mit offenbar hilfreichen Kommentaren), ein vorübergehender Schwarm (sie hatte mit ihm eine intensive Affäre) und ein wichtiger Verbindungsmann zu einer Welt, die sie gleichzeitig fesselte und verabscheute. Leonard war auf den Bonvivant Bell aus guten Gründen eifersüchtig; er hielt besonders wenig von seiner Frankreich-Begeisterung, die sich in dem ersten englischen Buch über Marcel Proust und einem Lobgesang auf die französische Zivilisation niederschlug.

Beide, Virginia und Leonard Woolf, gehörten zu jener zweiten Welle des Modernismus, in der dem Experimentieren wieder Form und eine gewisse Ordnung gegeben werden sollte. Auch die Woolfs waren Modernisten, die mit der Tradition brechen wollten, nur kamen ihnen an der Radikalität dieses Projekts zunehmend Zweifel.

# «So sane, when not mad»

«Nach meiner Erfahrung werden die tiefsten Furchen in unserem Leben von den verschiedenen Häusern gegraben, in denen wir wohnen. Sie sind noch tiefer als die von Heirat, Tod und Trennung.» Virginia hätte diese Sätze aus Leonards Autobiographie sicher befremdlich gefunden. Häuser waren für sie zwar wichtig, und sie hatte eine gute Nase, wenn es galt, ein geeignetes Domizil zu finden, aber letztlich waren ihr Häuser nie mehr als Zufluchtsorte und Schutzräume.

Am 1. Juli 1919 erwirbt das Ehepaar Woolf bei einer Auktion im White Heart Hotel in Lewes für 700 Pfund das «Monk's House» in dem Dorf Rodmell, etwa fünf Kilometer südlich von Lewes. Das zweihundert Jahre alte, solide gebaute, aber verwahrloste Gebäude mit niedrigen kleinen Räumen, einer feuchten Küche im Erdgeschoß und einem großen Schlafzimmer im Obergeschoß hatte ihnen spontan gefallen. Den Ausschlag gab der große, verwilderte Garten. «Es scheint darin eine Unmenge von Obstbäumen zu geben; die Pflaumen wachsen so dicht, daß ihr Gewicht die Zweigspitzen niederdrückt. Unerwartete Blumen sprießen zwischen den Kohlköpfen, es gibt gepflegte Reihen von Erbsen, Artischocken, Kartoffeln, Himbeerbüsche tragen kleine, blasse Fruchtpyramiden. Ich stelle mir einen Spaziergang durch den Obstgarten unter den Apfelbäumen sehr angenehm vor, mit dem grauen Blitzableiter des Kirchturms vor Augen.»

Im September 1919 beziehen sie Monk's House. Nach und nach modernisiert und erweitert, bleibt es bis zuletzt ihr ländliches Refugium. Virginias wichtigste Werke sind in diesem Haus entstanden. In den ersten Jahren konnte es dort im Winter ungemütlich kalt werden. Es gibt kein Gas, kein

90

Monk's House in Rodmell, Sussex. Die Woolfs erwarben das Anwesen 1919. Lange Zeit Ferienhaus, wurde es schließlich zu ihrem festen Wohnsitz.

fließendes, geschweige denn warmes Wasser, kein Bad und kein WC. Da die Toilette nur durch den Garten zu erreichen ist, werden Nachttöpfe eingesetzt, deren morgendliche Leerung dem Dienstpersonal obliegt.

Das Landhaus wächst seinen neuen Besitzern so ans Herz, daß sie immer mehr Zeit auf dem Land verbringen. «Ich liebe es, an einem heißen Freitagabend nach Rodmell zu fahren, auf der Terrasse zu sitzen, kalten Schinken zu essen und in Gesellschaft von ein oder zwei Eulen eine Zigarre zu rauchen.» Sie sehen sich einer ungewohnten Belastungsprobe ausgesetzt: Leonard kann sich von der Gartenarbeit kaum losreißen, so daß zwei Wanderungen pro Wochenende eingeplant werden müssen, um ihn vom Jäten und Harken abzubringen – Tätigkeiten, denen Virginia nicht viel abgewinnen kann. Sie freut sich über das neu erworbene Grammophon und genießt die Stunde mit klassischer Musik nach dem Abendessen; sogar am Stricken findet sie auf dem Land Gefallen.

«Von den sechzehn Stunden des Tages arbeitete sie normalerweise fünfzehn; ich glaube, daß sie noch im Schlaf von ihrer Arbeit träumte. Diese Arbeit bestand im Schreiben, und wenn sie schrieb, war sie hundertprozentig darauf konzentriert. Aber im Gegensatz zu den meisten anderen Menschen war sie auch, wenn sie nicht arbeitete, mit den Gedanken bei ihrer Arbeit. In Rodmell ging sie jeden Nachmittag eine oder mehrere Stunden spazieren, und während sie über die Wiesen oder am Fluß entlang wanderte, beschäftigte sie sich mit dem Buch oder dem Artikel, den sie gerade schrieb, oder mit der Idee zu einem neuen Buch oder einer neuen Geschichte. Nicht, daß sie keinen Blick für ihre Umgebung hatte, für die Felder und Wiesen, den Fluß, die Vögel, Füchse und Hasen – sie sah und spürte alles um sich herum mit großer Intensität, wie man ihren Gesprächen und der ungewöhnlichen Bildhaftigkeit ihrer Bücher entnehmen kann, aber gleichzeitig brodelten unter der Oberfläche ihres

Leonard Woolf, leidenschaftlicher Gärtner, am Teich im Garten von
Monk's House.

Geistes Gedanken, Gefühle und Bilder, die mit ihrem Schreiben zu tun hatten, und ab und zu drangen diese Wirbel an die Oberfläche, und dann beschäftigte sie sich laut mit einer bestimmten Redewendung oder den Umrissen einer Szene, die sie am nächsten Morgen schreiben wollte.»

Leonard wußte, daß für Virginia ihr Innenleben, die Welt der Phantasie, unendlich interessanter war als der banale Alltag. Ihre Vorstellungskraft war so lebhaft, daß sie die Existenz anderer Menschen oft gar nicht oder nur sehr oberflächlich wahrnahm. Äußerlich war ihr Leben zwar erfüllt und geschäftig, sie hatte einen großen Freundeskreis und nahm auf ihre Weise Anteil an den Alltagsproblemen, aber die tiefsten Erfahrungen machte sie nicht in der Wirklichkeit, sondern in der Phantasie.

Sie brauchte Zeit, sich an das ländliche Leben im Monk's House zu gewöhnen – nicht nur aus praktischen, sondern auch aus komplexen inneren Gründen. Einen davon hat sie in der Geschichte «Lappin and Lappinova» zu gestalten versucht. Deren Heldin ist eine romantische junge Frau, die einen Geschäftsmann heiratet, aber bald und vorhersehbar von ihm enttäuscht ist. Er will keine Kinder haben, sie kann seine Familie nicht ausstehen und flüchtet sich in eine Phantasiewelt, in der sie den Mann zum Kaninchen macht, sich selbst zu einem Hasen. «Das waren extreme Gegensätze. Er war kühn und entschlossen, sie ängstlich und ausweichend. Er herrschte über die geschäftige Kaninchenwelt; ihre Welt, über die sie im Mondschein gebot, war verlassen und geheimnisvoll. Und doch grenzten ihre Territorien aneinander, sie waren König und Königin.» Die Parallelen zur eigenen Ehe und Kinderlosigkeit, zur ungeliebten, angeheirateten Woolf-Familie sind mit Händen zu greifen; kein Wunder, daß sie das kleine Prosastück nicht veröffentlichen wollte.

Leonard versuchte, mit der selbstverordneten Kinderlosigkeit auf seine Weise fertig zu werden: er wandte sich den Tieren zu. Zu seinen Hunden entwickelte er ein fast intimes

Verhältnis; jahrelang galt seine besondere Zuneigung einem Krallenaffen namens Mitz, den er ständig mit sich herumtrug und kraulte – als Gegenleistung suchte der Affe Leonards Kopf nach Läusen ab.

Auf ihre Freunde machten die beiden den Eindruck glücklicher Eheleute. Die gegenseitige Zuneigung war ebenso unverkennbar wie Virginias Abhängigkeit von Leonard in praktischen Dingen und solchen Situationen, die einen nüchternen Verstand erforderten; er schien seine Frau vor allem zu brauchen, wenn er verdrossen und bedrückt war. Beide freuten sich über Besucher in Rodmell – Freunde aus London, Verwandte aus dem nahegelegenen Charleston, wo Vanessa mit ihrem Anhang residierte –, waren aber ebenso glücklich, wieder allein zu sein.

Der Tagesrhythmus war von der Arbeit bestimmt. Jeden Morgen um acht stand Leonard in der Küche, kochte sich einen Spezialkaffee und trug Toast und Cornflakes in Virginias Zimmer. Nach dem Frühstück nahm sie ein Bad und las, in der Wanne liegend, laut die in der Nacht oder am Vortag geschriebenen Sätze und Szenen. Den Rest des Vormittags saßen beide über ihren Büchern und Manuskripten. Virginia schrieb am liebsten in einem niedrigen Lehnstuhl – der aussah, als litte er, behauptete Leonard, an «prolapsus uteri», Gebärmuttervorfall –, mit einer großen Sperrholzplatte auf den Knien, auf die ein Tintenfaß geleimt war. Mit Feder und Tinte trug sie Notizen und Entwürfe in ein selbstgebundenes Quartheft mit buntem Papier ein. Um elf brachte Leonard ein Glas Milch, manchmal auch Zeitungen; später am Vormittag tippte sie ausgearbeitete Textpassagen in die Schreibmaschine. Verbesserte Versionen wurden nachmittags erneut abgeschrieben – manchmal gab es fast zwanzig verschiedene Überarbeitungen eines Textes.

Leonard beschrieb ihre Arbeitssituation so: «Es gab in ihrem Zimmer einen sehr großen, soliden, glatten Holztisch, der immer mit Kehrichthaufen von Papieren, Briefen,

Manuskripten und großen Flaschen Tinte bedeckt war, an dem sie jedoch nur selten saß. Sie häufte um sich alte Schreibfedern, Bindfäden, abgebrannte Streichhölzer, rostige Büroklammern, zerknüllte Briefumschläge und kaputte Zigarettenspitzen. Obwohl sie außerordentlich geräuschempfindlich war, schien sie sich beim Schreiben in eine Schutzhaut oder Hülle zu verkriechen, die sie von der Umgebung abschirmte. Ihr Zimmer war nicht nur unordentlich, sondern am Rande der Verwahrlosung.»

Um ein Uhr läutete die Köchin zu einem leichten Lunch – gebratene Fleischklößchen und Schokoladenpudding etwa. Nach dem Essen wurde gelesen und geraucht. Gegen zwei zog sich Virginia feste Schuhe an und ging, bei jedem Wetter, mit dem Hund spazieren; Leonard machte sich im Garten zu schaffen. Um vier gab es Tee. Das Abendessen war die Hauptmahlzeit des Tages. Die Köchin war gehalten, auf Abwechslung und Qualität zu achten. Die Woolfs aßen gerne Wild und Geflügel, Moorhuhn und Fasan mit pikanten Saucen schätzten sie besonders. (Während einer Nervenkrise zwang Leonard sie einmal, eine ganze kalte Ente zu essen, wovon ihr so schlecht wurde, daß sie sich übergeben mußte – «eine häßliche, fürchterliche Erfahrung».) Als Nachtisch bevorzugten sie leichte Cremes und Soufflés. Virginia war keine große Köchin – «ich hatte immer das Gefühl, daß sie dafür eigentlich keine Zeit verschwenden und lieber in ihrem Zimmer arbeiten wollte», berichtete Louie Mayer, die langjährige, fest angestellte Köchin –, konnte aber gutes Brot und Kuchen backen. Nach dem Abendessen hörten sie Musik, Virginia rauchte eine Zigarre, arbeitete an einer Gobelinstickerei mit bunter Wolle («Handarbeiten in Wolle sind meine Leidenschaft»), las.

Im Monk's House waren inzwischen zwei Wasserklosetts und fließend warmes Wasser installiert worden – bis dahin gab es nur ein einziges Plumpsklo, als Badewanne diente ein Zinkbottich in der Küche. Zu den Neuanschaffungen gehörte auch ein Grammophon, das Leonard als Schallplatten-Kritiker der «Nation» benötigte; Virginia hörte besonders gerne die späten Beethoven-Quartette. 1927 kauften sie, für 275 Pfund, ihr erstes Auto, einen gebrauchten Singer, und tauften ihn «Umbrella». Virginia machte diese neue Fortbewegungsart großen Spaß; ihr Vergnügen am Autofahren war jedoch erheblich größer als ihr Geschick im Steuern. Leonard erregte sich sehr, als sie den Wagen rückwärts gegen eine Mauer setzte, und ihr Bericht «Fuhr vom Embankment bis zum Marble Arch, wobei ich nur einen Jungen sehr sanft von seinem Fahrrad stieß» gab Anlaß zu maliziösen Kommentaren im Freundeskreis. 1929 erwarb man einen kaffeebraunen Sun Singer, 1935 einen silbergrünen Lanchester 18 mit hydraulischem Getriebe, «glatt wie ein Aal, schnell wie ein Mauersegler, kraftvoll wie ein Tiger, geschlossen wie ein Pullman-Wagen». Virginia ließ sich, nach einer Reihe weiterer Karambolagen, gerne von anderen herumkutschieren: «Was ich am Autofahren mag, ist das Gefühl, zufällig, wie ein Reisender, der einen anderen Planeten mit den Zehenspitzen berührt, Szenen zu beleuchten, die unbeachtet weitergegangen wären, immer weitergegangen sind und weitergehen würden, wenn es diesen kurzen, zufälligen Blick nicht gegeben hätte.»

Sie brauchte beides: die Konzentration des Landlebens und die Zerstreuungen der Stadt. An ihren zehnten Hochzeitstag mußte ihr Gatte sie erinnern – so selbstverständlich war ihr das Leben zu zweit geworden. Als Leonard sich gegen Kinder entschied, war die Richtung vorgegeben; sie fügte sich widerstandslos dem Reglement, das ihrer Gesundheit dienen sollte. Dennoch fühlte sie, mit vierzig, daß sie nicht lange mehr zu leben, vielleicht auch allzu spät die eigene Stimme gefunden hatte; es drängte sie auszudrücken, was noch zu sagen war, trotz Herzbeschwerden (und unnötig gezogener Zähne).

In Rodmell beendete sie ihren ersten «modernen» Roman,

«Jakobs Zimmer», und gab Leonard das Manuskript zu lesen. Er fand das Buch «genial». Sie schrieb ins Tagebuch: «Er meint, die Menschen sind wie Gespenster, und alles ist sehr merkwürdig.» Merkwürdig war vor allem, daß die Facetten der Titelfigur sich nicht zu einem Ganzen runden. Die Raffinesse des Buches besteht darin, daß das «Zimmer» des Titels nicht in der Lage ist, den Helden in sich zu enthalten: Jakob löst sich impressionistisch auf und hinterläßt kubistische Blöcke, einen Stuhl, ein paar Bücher. Die Rezensionen in den Zeitungen waren meist kritisch; von einer Parodie auf den Bildungsroman, von malerischem Stilwillen in einem Buch «ohne Handlung, Form oder Perspektive» war die Rede.

Noch 1920 schrieb sie einer Freundin: «Leonard ist mir in jeder Hinsicht überlegen.» Beide hatten zu diesem Zeitpunkt zwei Romane veröffentlicht und sich als Kritiker einen Namen gemacht. Leonard verdiente als Herausgeber der «International Review» und Literaturchef der «Nation» mehr als sie mit ihren Büchern und Buchkritiken zusammen, aber etwa um 1925 hat sie ihn eingeholt und kann es sich allmählich leisten, nur noch wenige, ausgesuchte Rezensionen zu übernehmen.

«Jakobs Zimmer» trug ihr den Ruf einer «schwierigen» Autorin ein. Sie selber sah eines der größten Probleme darin, in Zukunft gleichzeitig beides zu sein, Ehefrau und Schriftstellerin.

In der feministischen Woolf-Auslegung ist es üblich geworden, Virginias Schicksal auf ihre vergeblichen Versuche zurückzuführen, den männlichen Einfluß auf ihr Leben und Denken einzudämmen bzw. ganz zu überwinden. Einleuchtend erscheinen aber auch die Theorien, die ihre Krisen auf lähmende Schwierigkeiten mit der weiblichen Identität zurückführen. Vor allem die Konkurrenz mit der Schwester Vanessa spielt in dieser Perspektive eine nicht unerhebliche Rolle: Virginia hat sich dem unbekümmert promisken, instinktiv mütterlichen Typ des Naturweibs immer unterlegen und sich selbst als Versagerin gefühlt. («Ich sehe zu. Vanessa. Kinder. Versager», heißt es im Tagebuch – Kurzschrift für: «Vanessa hat drei Kinder; ich habe keine.») Die literarische Tätigkeit, das Schreiben, so fürchtete sie, könnte als ein «unnatürlicher Vorgang» am Ende zu einer Art von Geschlechtslosigkeit führen. Eine Schriftstellerin versagt sich, bewußt oder unbewußt, das, was gemeinhin unter «weiblicher Erfüllung» verstanden wird.

Virginia hat sich oft daran erinnert, daß ihre Mutter (und nach deren Tod ihre Schwester), wie es schien, von aller Welt geliebt wurde. Wenn sie ähnlich geliebt werden wollte, folgerte sie, müßte sie so leben wie ihre Mutter. Das Bücherschreiben (als ein Gebären von Geisteskindern, nicht leiblichen) war aber das genaue Gegenteil von dem, was die Mutter vorgelebt hatte, und so fühlte sich Virginia jedesmal, wenn sie mit einem Buch fertig geworden war, besonders unliebenswert und fürsorgebedürftig. Während Leonard in diesen Phasen ohne Zögern bereit war, ihr zu geben, was sie brauchte, genoß Vanessa gerade dann ihren Ruf als «sinnliche Frau» und schien wenig gewillt, sich auf die Empfindungen ihrer Schwester einzulassen.

Freunde und Außenstehende, so glaubte Virginia ohnehin, waren überzeugt, daß sie mit der (von Leonard verordneten) Kinderlosigkeit die biologische Aufgabe ihres Geschlechts nicht erfüllt, ja daß sie obendrein dem Ehemann die Vaterschaft vorenthalten habe. Daß Leonard sie mit dieser Entscheidung im Lebensnerv getroffen hatte, steht außer Frage. Die manisch-depressiven Anfälle waren die Form, in der sie ihre ohnmächtige Verzweiflung ausdrücken konnte; waren sie abgeklungen, führte die Einsicht, gegen einen Wohlmeinenden gewütet zu haben, zu neuen Schuldgefühlen. («Ich höre Leonard auf dem Flur und heuchle, um meinet- wie um seinetwillen, Heiterkeit ...»)

In «Mrs. Dalloway» hat Virginia Woolf dieses Dilemma

literarisch zu gestalten versucht – bezeichnenderweise übertrug sie das Problem auf eine männliche Figur. Septimus
Smith «fällt durch seine Krankheit in Entdeckungen, wie
durch eine Falltür». Vergeblich kämpft er gegen die von den
Ärzten verordneten Kuren an. Seine Wut richtet sich besonders gegen den Nervenarzt William Bradshaw. In diesem
Mediziner hat Virginia ihre eigenen Erfahrungen mit den
Ärzten gebündelt – und gleichzeitig etwas über das Wesen
des Wahnsinns herausfinden wollen. («Ich will die Welt beschreiben, wie sie von Gesunden und Kranken, Seite an
Seite, gesehen wird.») Bradshaw ist Symbol für den Macht-
willen der Ärzte, den sie hinter ihren Sprüchen von Normalität, Pflicht und Disziplin nur mühsam verbergen. Der bür-
gerliche Arzt ist ein Anhänger von Recht und Ordnung, fest
entschlossen, seine Grundsätze den Schwachen, das heißt
den Kranken, aufzuzwingen. Wie Virginia Woolf ist auch
Septimus Smith phasenweise psychisch krank und braucht
medizinische Hilfe. Aber der Arzt, der sich humanistisch ge-
bärdet, will die Erklärungen des Patienten nicht hören und
setzt seine Behandlungsmethode rigoros durch. Überzeugt,
daß psychische Anomalität zur Destabilisierung der Gesellschaft führen kann, besteht er darauf, daß der Kranke in eine
geschlossene Anstalt gebracht wird, wo seine Aufsässigkeit
durch Isolation und Zwangsernährung gebrochen werden
soll. Beiläufig weist er Septimus darauf hin, daß eine ge-
schwächte Kreatur wie er keine Kinder in die Welt setzen
sollte – «die Schwachen dürfen keine Gelegenheit erhalten,
ihre Schwäche zu vermehren».

Virginia wußte, daß das Etikett «wahnsinnig» eine gefähr-
liche Vereinfachung bedeutet und daß auch «Normalität» ein
verwaschener, willkürlich verwendeter Begriff ist: er setzt
den Konsens Gleichgesinnter voraus. In ihrer erstaunlich un-
verstellten Korrespondenz mit dem französischen Maler
Jacques Raverat bekannte sie sich zur Komplexität ihrer Persönlichkeit, gab zu, daß sie in Briefen oft absichtlich einen

Blick aus dem Fenster von Virginias Arbeitszimmer in Monk's House. Nicht weit entfernt fließt die Ouse, in der sie sich 1941 das Leben nahm.

falschen Ton anschlug und daß sie Masken aufsetzte, um sich vor Intimität zu schützen, ja sie sprach von der eigenen Eitelkeit und Ichbezogenheit.

Die Ähnlichkeiten von «Mrs. Dalloway» mit James Joyces «Ulysses» blieben nicht unbemerkt. Virginia Woolf hat die Technik des Bewußtseinsprotokolls zwar nicht unmittelbar von Joyce übernommen, aber die Parallelen in der Verwendung des inneren Monologs sind doch auffällig. Die Kritiker registrierten sofort, daß sie vorsichtiger und kraftloser zu Werke ging als Joyce. Wie «Ulysses», der an einem einzigen Tag, dem 16. Juni 1904, in Dublin spielt, ereignet sich auch die Handlung von «Mrs. Dalloway» an einem einzigen Tag, im Sommer des Jahres 1923, in London. Ursprünglich sollte das Buch «The Hours» heißen und sich an den Glockenschlägen Londoner Kirchturmuhren entlang bewegen. Die gleitenden Übergänge erinnern an Marcel Proust, die Charakterisierung des Septimus Smith, die Kombination von Ekstase und Epilepsie, an Dostojewskische Figuren.

Virginia hat später zugegeben, daß sie beim Schreiben oft nicht wußte, wie es weitergehen würde, und daß sie sich ganz der eigenen Intuition überlassen hat; aus dieser Erfahrung hat sie die Theorie abgeleitet, daß Romane in der Regel nicht einem vorgefaßten Plan entspringen, sondern «in verborgenen Winkeln des eigenen Lebens wurzeln». Deutlicher als zuvor wurde ihr in dieser Zeit bewußt, daß auch Leonard, der sich hinter die Ärzte stellte, sie verkannte: mit seiner Fürsorglichkeit machte er sie abhängig von sich und erzeugte in ihr ein Schuld-Syndrom. Als er einmal nicht rechtzeitig aus London nach Rodmell zurückkam, radelte sie nachts zum Bahnhof – entschlossen, ihn in London zu suchen; als er dann doch noch mit dem letzten Zug eintraf und sie verärgert begrüßte, entlud sich ihre Frustration in einer Attacke auf das Fahrrad.

Sie machte sich nun häufiger Gedanken über die Bedingungen, unter denen schreibende Frauen ihren «Beruf» ausüben, über die Formen, in denen sie auf ihre generelle Zurücksetzung reagieren. Im Oktober 1920 schrieb sie Leserbriefe an die Redaktion des «New Statesman», in denen sie sich gegen die Behauptung von Arnold Bennett wehrte, Frauen seien den Männern naturgemäß intellektuell unterlegen. «Mir scheint, daß die Bedingungen für die Existenz eines Shakespeare darin bestanden, daß er sich in seiner Kunst auf Vorläufer beziehen konnte, daß er einer Gruppe angehörte, in der über das Stückeschreiben diskutiert wurde, und daß er alle nur denkbaren schöpferischen Freiheiten besaß.» Für Frauen, so erklärte sie lapidar, hat es vergleichbare Bedingungen nie gegeben.

Das Gefühl, alt und unbeweglich zu werden, ängstigte sie zunehmend. «Leonard und ich: ein älteres Ehepaar mit zwei Häusern, einem Verlag und ewiger Geldnot. Wir haben beide viel zu tun und legen Wert auf einen geregelten Tageslauf. Leonard erledigt gerade, was er ‹Korrespondenz› nennt. ‹Ich muß mich meiner Korrespondenz widmen›, sagt er heute zu mir. Ich lache nicht, sondern nehme das bitter ernst. Wir dürfen nicht zulassen, daß unsere Hobbies und unser Vergnügen zu Fetischen werden.»

Wie so oft, war Vanessas Leben Maßstab des Gelingens. Spontan schrieb sie der Schwester: «Du sagst, ich führe ein langweiliges, anständiges, absurdes Leben: viel Geld, keine Kinder, alles geregelt und konventionell. Und Du? Nur ein paar Groschen – Liebhaber – Paris – Liebe – Kunst – Stimulation. Darüber muß ich weinen.» Dabei hatte sich Vanessas Leben, seit sie mit dem Maler und Designer Duncan Grant zusammenlebte, dramatisch geändert; sie, die Virginia seit je wegen ihrer Sinnlichkeit und mütterlichen Wärme beneidet hatte, führte inzwischen eine sexuell frustrierte und emotional ausgehungerte Existenz: Grant war zwar der Vater ihrer Tochter Angelica, verbrachte aber mittlerweile die meiste Zeit mit seinen jungen männlichen Freunden. Beide Stephen-Schwestern hatten Partner gewählt, die Berufskollegen für sie waren. Aber während Virginia mit Leonard in der Hogarth Press zusammenarbeitete, schrieb sie doch ihre Romane für sich allein – Leonard hatte die schöngeistige Schriftstellerei schon 1914 ernüchtert aufgegeben. Vanessa konnte sich als Malerin von Duncan Grants Einfluß nie befreien und wurde schließlich von ihm ganz in den Schatten gestellt.

Virginias Versuche, Vanessas Leben zu imitieren, scheiterten an Leonards strengem Regime: er bestand jetzt, um ihr psychisches Gleichgewicht nicht zu gefährden, auf eingeschränkten Familienkontakten und spärlicher Geselligkeit. «Leonard hat die alte, sture Hürde aufgebaut – meine Gesundheit. Und ich bringe es nicht über mich, ihm seinen Seelenfrieden zu rauben, obwohl dieses Hindernis jetzt keine Rolle mehr spielen sollte und unsere kurze Lebensspanne nicht beherrschen dürfte ... Aber, mein Gott! Wie viel ich ihm verdanke! Wie viel er mir gibt! Und doch – wieviel mehr könnten wir vom Leben haben ...»

Heimlich war sie froh, daß sich seine politischen Pläne zerschlagen hatten. Ihr eigenes Interesse an der Tagespolitik hielt sich in Grenzen. Den Bergarbeiterstreik in den nordenglischen Kohlegruben vom Mai 1926, der sich zum Generalstreik ausweitete, nahm sie zwar wahr, reagierte aber nicht annähernd so heftig wie Leonard, der in seinen Erinnerungen schrieb: «Wenn je ein Streik seine Berechtigung hatte, dann dieser: ich war zu hundert Prozent auf der Seite der Arbeiter.» Virginia und ihre Bloomsbury-Freunde empfanden den Streik eher als eine Bedrohung der gewohnten Zivilisation. Zwar radelte sie mit Leonard durch die Stadt und verteilte Flugblätter, zwar nahmen der Streik und seine Begleitumstände viel Platz in ihrem Tagebuch ein, aber mit dem Herzen war sie bei dem vertrackten Mittelteil ihres neuen Romans. «Roger Fry findet auch, daß dieser Streik unsäglich langweilig ist, ganz unwichtig, und doch sehr ärgerlich», heißt es zwischendurch. Es kam zu Streitigkeiten mit Leonard. «Ich mag diese Propagandisten-Seite an ihm nicht, er an mir nicht das irrationale Abgehobensein.» Sie konnte sich nie mit politischer Rhetorik anfreunden; Selbstsicherheit, eindeutiges Stellungnehmen und Überredungstechniken waren ihr immer suspekt. Leonard seinerseits mißbilligte ihre Reduzierung sozialer Konflikte auf die männliche Aggressivität; noch bedenklicher fand er in dieser Phase ihre Neigung zu irrationalen, pseudoreligiösen Gedankengängen. Was Leonard ihr noch an Geselligkeit erlaubte, genoß sie. Sie lernte den Maler Walter Sickert kennen, traf auf Empfängen berühmte Zeitgenossen wie Gertrude Stein, Edith Sitwell oder Paul Valéry, besuchte Parties, bei denen es lasziv und frivol zuging – Schnitzlers «Reigen» wurde bei den Stracheys mit naturgetreuer Kopulation aufgeführt. Kopulation, das große Bloomsbury-Schlagwort, ekelte Leonard an; Virginia äußerte sich schnippisch und kühl: «Sexuelle Beziehungen langweilen mich mehr denn je. Bin ich prüde? Bin ich weibisch? Inzwischen ist mir klar, daß die Liebe eine Krankheit ist, ein Wahnzustand, eine Seuche; wie eintönig, wie lahm, wie mittelmäßig werden ihre Opfer, alle diese jungen Frauen und Männer!» Sie fand mittlerweile Mädchen «viel netter als Jungen» und war angewidert von der «stupiden Virilität» junger Männer. «Ich habe die Absicht», schreibt sie ins Tagebuch, «in Zukunft nur noch die Gesellschaft von Frauen zu kultivieren. Männer sind immer alle im Licht: mit Frauen schwimmt man gleich in die Dämmerung.»

Wohl fühlte sie sich im Umkreis der «Vogue»-Mitarbeiter, zu denen sie bald selbst gehörte. Das Mode- und Society-Magazin, in dem sich die Bloomsbury-Künstler und Intellektuellen über sich selbst, aber auch über Brancusi, Le Corbusier, Léger und Cocteau verbreiteten, lag ihr mehr als Leonards staubtrockene politische Zeitschrift «The Nation». Sie kannte inzwischen «die Leute, die zu kennen sich lohnt». Ihr literarischer Marktwert war seit (oder trotz?) «Jakobs Zimmer» spürbar gestiegen. Man bot ihr Exklusiv-Honorare, lud sie zu Vorträgen ein, sie wurde karikiert – und immer wieder fotografiert.

Die Beresford-Fotografien – sie entstanden, als sie zwanzig war – sind heute eine Säule der Virginia Woolf-Legende. Dabei hat sich die öffentlichkeitsscheue Autorin immer gegen Ablichtungen ihres Gesichts gesträubt – mit einer einzigen Ausnahme: 1927 machte Man Ray eine Serie strenger, maskuliner Fotos von ihr, für die sie sich die Haare kurz schneiden ließ und die Lippen schminkte. (Es gibt aus dieser Zeit auch Zeichnungen von Richard Kennedy, auf denen sie sich Zigaretten dreht und eine Brille trägt.) Virginia war überzeugt, daß Fotografien nur einen vordergründigen Eindruck vom jeweils Dargestellten geben können; wenn es sich um Autorinnen handelt, lenken sie sogar vom Lesen ab – im ungünstigsten Fall verfälschen, ja entblößen sie ihren Gegenstand. Dennoch hat sie nicht verhindern können, daß eine Fotografie aus dem Jahre 1910, das die einundzwanzigjährige Virginia Stephen mit traurig-entrücktem Blick und verfließenden Konturen darstellt, nicht nur das Bild ihrer Person geprägt, sondern geradezu ein weibliches Genie-Klischee begründet hat.

Virginia Woolf war sich seit Mitte der zwanziger Jahre ihres öffentlichen Ansehens – und des wachsenden Mißverhältnisses zwischen ihrem und Leonards Bekanntheitsgrad – durchaus bewußt. Mit dem Ruhm von Lytton Strachey und Maynard Keynes konnte sie nicht mithalten, aber daß sie zu den kulturellen Ikonen der Zeit gehörte, stand auch für sie außer Frage.

Noch während der Schlußphase der Arbeit an «Mrs. Dalloway» begann sie mit Notizen zu einem neuen Roman, «Zum Leuchtturm», der im Frühjahr 1927 erschien. In dieser Phase stand sie unter dem Eindruck intensiver Proust-Lektüre und bemühte sich wieder, trotz aller Fragmentierung der Handlung, um Durchsichtigkeit ihrer Strukturen. Die Niederschrift des (kaum verhüllt autobiographischen) Bu-

106

ches («ihres einzigen, in dem wirklich etwas passiert», sagte Cyril Connolly) wurde von Nervenkrisen und Erschöpfungszuständen unterbrochen. Um Weihnachten machte sie mit Leonard Winterurlaub in St. Ives in Cornwall, dem Ort, in dem die Stephens ihre Sommerferien zu verbringen pflegten – und mußte feststellen, daß alles, was sie noch über Leuchttürme zu wissen glaubte, mit der Wirklichkeit nichts mehr zu tun hatte. Anfang 1927 las Leonard das Manuskript und war begeistert; er nannte es ohne Umschweife «ein Meisterwerk» und lobte besonders die Kunst der Charakterisierung. Aufschlußreich waren seine Kommentare zur Figur des Mr. Ramsay: «Der Kern seines Charakters entspricht ziemlich genau dem Charakter von Virginias Vater. Dennoch ist die Figur hinreichend sublimiert und wirkt in keinem Augenblick wie die Fotografie einer lebenden Person, die in einen Roman hineingeschmuggelt worden ist. Ich glaube ohnehin, daß Virginia und Vanessa seine Pingeligkeit und Sentimentalität sehr übertrieben haben und nach seinem Tod sehr unfair zu ihm waren – die Gründe dafür liegen in schwer erreichbaren Schichten des Ödipus-Komplexes.»

Der Eindruck drängt sich auf, daß Mr. Ramsay mit seiner «Pingeligkeit und Sentimentalität», aber auch seiner Humorlosigkeit und hölzernen Vernünftelei nicht nur an Virginias Vater, Sir Leslie Stephen, orientiert ist, sondern vor allem an Virginias Gatten. Schließlich war es Leonard, den weibliche Irrationalität immer wieder auf die Palme brachte und der sich über die Ignoranz seiner Frau maßlos erregen konnte. Hatte er sie in seinem Roman «The Wise Virgins» nicht eben schmeichelhaft porträtiert, so zahlte sie ihm nun in gleicher Münze heim: Mr. Ramsay alias Leslie Stephen alias Leonard Woolf ist ein Mensch, der sich in kürzester Zeit von einer überaus liebenswerten Person in ein Raubtier verwandeln kann. Er verkörpert die tragischen Aspekte einseitiger Vernunftgläubigkeit: seine analytischen Fähigkeiten lassen ihn immer dann im Stich, wenn es darum geht, mit den einfachen Dingen des Alltags fertig zu werden. Die «feministischen» Tendenzen des Buches sind Leonard übrigens keineswegs entgangen; Lily Briscoes Feststellung: «Jeder Mann hat einen Shakespeare im Hintergrund; Frauen können das nicht von sich behaupten» wirkt in ihm lange nach, und wenn es von Mrs. Ramsay heißt, sie sei ziemlich ungebildet, wisse nicht einmal, was eine Quadratwurzel ist, besitze dafür aber die Gabe einer untrüglichen Intuition, dann wird er sich an eine bestimmte Person in seiner unmittelbaren Nähe erinnert gefühlt haben.

Virginia wußte, daß das Schreiben dieses Romans für sie wie eine Freudsche Psychoanalyse war: erzählend erfand sie sich ihre eigene Therapie, der Roman exorziert den Elternkomplex, und ein durchgehendes Thema ist der Todeswunsch. Vanessa reagierte verstört und entzückt – für sie ist der Roman Weltliteratur gewordenes Familienleben. Virginia beschwichtigte: «Das Buch hat keine tiefere Bedeutung. Ich vertraue darauf, daß die Leser die darin ausgedrückten Empfindungen als Stütze für ihre eigenen Gefühle benutzen.» Sie hat darin beklemmende, aber auch beglückende Erinnerungen literarisch gestaltet, die zwiespältige Haltung zu den Eltern heraufbeschworen und dem Bild der Mutter, von der sie ihr Leben lang nicht losgekommen ist, eine feste Form gegeben. Lily Briscoe – das ist Virginia, die Künstlerin, die sich der körperlichen Liebe und der Ehe im landläufigen Sinn verweigert. «Es ist wahr, daß meine Mutter mich bis zu meinem vierundvierzigsten Lebensjahr verfolgte. Dann, eines Tages, als ich um den Tavistock Square herumspazierte, entwarf ich – wie ich meine Bücher manchmal konzipiere – die ersten Umrisse der Fahrt ‹Zum Leuchtturm› in großer, scheinbar unfreiwilliger Hast. Eine Idee griff auf die andere über. Das Pusten von Seifenblasen aus einem Rohr gibt ungefähr einen Eindruck von den rasch aufeinander folgenden Ideen und Szenen, die sich in meinem Kopf bildeten, so daß meine Lippen aus eigenem Antrieb Silben zu formen schienen, während ich ging. Wie kam es zu diesen Seifenblasen? Ich habe keine Erklärung dafür.»

«Zum Leuchtturm» sollte dem, was sie den Lesern sagen wollte, eine zusätzliche, tiefere Bedeutung geben, das Buch sollte mystische und visionäre Einsichten enthalten, wie sie durch bloße Sinneswahrnehmungen oder begriffliches Denken nicht zu haben sind. Lily Briscoes Empfindungen über Kunst und Sexualität sind ein Ausdruck jener Distanz, die Virginia trotz aller Liebe und Abhängigkeit zu Leonard spürt. Lily weiß, daß sie nicht als «richtige» Frau gilt, denn sie will von Sex und Ehe nichts wissen. Sie wird aber auch nicht als «politisches Wesen» für voll genommen, weil sie ihre Kunst und ihre Visionen für wichtiger hält als gesellschaftliche Konventionen. In den ersten Skizzen und Entwürfen finden sich Meinungen, die sie in dieser Form gegenüber Leonard wohl nicht zu äußern gewagt hätte: die Überzeugung zum Beispiel, daß die körperliche Liebe, ähnlich wie die Kunst, nur eine Vorstufe sein kann zu höheren, mystischen Formen der Vereinigung von Leib und Raum. Lily ist, mehr als alle anderen Woolfschen Romanfiguren, das Selbstporträt einer Künstlerin, die sich in ihrer Kunst über die Kompromisse der körperlichen Existenz zu erheben versucht. Dennoch fühlt sie sich immer noch heimgesucht von dem Widerspruch zwischen den kreatürlich-erdhaften Seiten des menschlichen Lebens und seiner kläglichen Vergänglichkeit.

Im Sommer 1926 schien Virginia sich wieder einmal schmerzlich der Tatsache ihrer Kinderlosigkeit bewußt gewesen zu sein. «Was soll eine Frau sich wünschen? Ehestand und Mutterschaft?» fragt sie rhetorisch und fügt hinzu: «Ich ärgere mich immer noch, daß ich Leonard nicht dazu gebracht habe, das Risiko einzugehen – gegen den Willen der Ärzte. Aber er hatte Angst um mich und wollte nicht; hätte ich mehr Kontrolle über mich gehabt, wäre wohl manches anders gekommen …»

Der Roman «Zum Leuchtturm» bedeutete für Virginia

nicht nur die endgültige Befreiung von der Mutter, sondern auch von dem Bedürfnis, selber Mutter zu sein. Und er hat die geheiligte Rangordnung der Geschlechter gehörig durcheinandergebracht. Mr. Ramsay, der unsensible Philosoph, verspottet die «Torheit des weiblichen Verstandes» – seine Frau nennt seine Jagd nach dem Phantom der Wahrheit einen «Verstoß gegen den elementaren Anstand». Der Sohn sieht seine Mutter als einen «Früchte tragenden Baum», auf den der Krummsäbel des Vaters, dieses «egoistischen Mannes», einhackt. Die Frau hat ihre Wurzeln in der Natur – dem Mann bleibt dieser Lebensquell versagt, er kann nur angreifen und zerstören. Das Buch wurde ein kommerzieller Erfolg und brachte ihr internationalen Ruhm ein; es ist bis heute in dreizehn Sprachen übersetzt worden, bei einer Weltauflage von einer halben Million. Im ersten Jahr wurden allein 4000 Exemplare verkauft – mehr als je zuvor von einem ihrer Bücher. Sie wurde nach New York eingeladen, zögerte aber und lehnte schließlich ab – die Woolfs sind nie in Amerika gewesen.

# Vita

Im Dezember 1922 lernte Virginia bei einem Abendessen im Hause von Clive Bell Vita Sackville-West kennen, die Frau des Diplomaten Harold Nicolson. Am nächsten Tag erwähnte sie in ihrem Tagebuch die «schöne, begabte, aristokratische Sackville-West; nicht ganz nach meinem strengeren Geschmack – gerötet, schnurrbärtig, papageienbunt, mit einer Anlage zum Doppelkinn und der lässigen Sicherheit des alten Adels, aber ohne den Geist einer Künstlerin; in ihrer Nähe komme ich mir jüngferlich, schüchtern und schulmädchenhaft vor».

Drei Jahre später begann zwischen den beiden Frauen eine leidenschaftliche Freundschaft, die fast zwanzig Jahre hielt und in beider Leben und Werk tiefe Spuren hinterlassen hat. Für Virginia Woolf war diese Erfahrung etwas umstürzend Neues; sie, die sich immer etwas darauf zugute gehalten hatte, gegen starke Gefühle immun zu sein, sah sich plötzlich unkontrollierbar zu dieser Frau hingezogen, wehrlos emotionalen Turbulenzen ausgeliefert.

«Du meinst also, ich bin ordentlich??» schrieb sie ihr aufgeregt. «– Ich wünschte, Du könntest eine Woche in meinem Kopf leben! Er ist von gewaltigen Gefühlswellen durchbraust. Was für Empfindungen das sind? Ich weiß es nicht. Sie beginnen beim Aufwachen, und ich weiß nie, was sie bringen werden – das Glück? Unglück? Natürlich gehe ich irgendwelchen mechanischen Tätigkeiten nach, setze Druckseiten, sorge für das Abendessen. Täte ich das nicht, versänke ich in endlosen Grübeleien. Und du hältst mich für angepaßt und gut organisiert?»

Virginia fand in dieser Frau alles, was sie an sich selber vermißte, was sie für unerreichbar und begehrenswert hielt. Die zehn Jahre jüngere, attraktive Vita erschien ihr wie der Inbegriff alles Weiblichen: sie war sinnlich, elegant, intelligent, dazu überaus vornehm. Es hieß, daß sie mit vierzehn ihren ersten Roman geschrieben hatte. Mit fünfzehn gewann sie einen Lyrik-Preis und veröffentlichte wenig später ein Versdrama. Aufgewachsen war sie in Knole, einem palastähnlichen, riesigen Schloß mit sieben Innenhöfen, 52 Treppenhäusern und 365 Räumen, das sie verlassen mußte, weil sie als Frau nicht erbberechtigt war. Sie war das einzige Kind des dritten Barons Sackville, Herzog von Dorset, und seiner Frau, Lady Victoria Sackville; ihr Stammbaum ließ sich bis zu Wilhelm dem Eroberer zurückverfolgen. «Sie stammt von Dorset, Buckingham, Sir Philip Sidney und der ganzen englischen Geschichte ab, die, in Särgen einer hinter dem anderen ausgestreckt, von 1300 bis heute, unter ihrem Eßzimmerfußboden liegen!» schrieb Virginia.

Mit zwanzig hatte Vita den Diplomaten Harold Nicolson geheiratet und war mit ihm nach Istanbul gegangen. Sie brachte drei Söhne zur Welt, von denen der zweite eine Totgeburt war. Nach vierjähriger Ehe erklärte Nicolson ihr (auf Veranlassung seines Arztes), er habe sich bei homosexuellen Kontakten angesteckt. Nun begann auch sie, ihre latent vorhandenen gleichgeschlechtlichen Neigungen auszuleben; sie begann ein stürmisches Verhältnis mit Violet Keppel, der wilden, klugen Tochter einer Mätresse von Eduard VII., die sie seit Kindertagen kannte. Nach erheblichen Verwirrungen einigte sich das Paar Nicolson-Sackville darauf, die Ehe fortzusetzen, sich über die jeweiligen Affären ins Bild zu setzen, die Ferien gemeinsam zu verbringen und sich gelegentlich zu besuchen.

Im Dezember 1922 schrieb Vita an ihren Mann: «Ich bete Virginia an, und das tätest Du auch! Ihr Charme und ihre Persönlichkeit würden Dich überwältigen! Mrs. Woolf ist so einfach – und macht gleichzeitig den Eindruck von etwas Großem. Sie ist ganz ungekünstelt, ganz ohne äußere Ver-

Vita Sackville-West (1892–1962), aufgewachsen auf Schloß Knole, lebte mit ihrem Mann, dem Diplomaten Harold Nicolson, auf Sissinghurst Castle in Kent.

zierungen – nur anziehen tut sie sich abscheulich: orangefarbene Wollstrümpfe und Schnürschuhe! Sie schweigt, bis sie etwas sagen will, und sagt es dann unübertrefflich gut.» Virginia erfuhr auf Umwegen, daß Vita Sackville-West, eine berüchtigte Lesbierin, ein Auge auf sie geworfen habe, was ihr schmeichelte – sie war vom Aussehen und Stil der weltläufigen Aristokratin bezaubert. In Briefen an Freunde schwärmte sie von Vitas Beinen: «Oh, sie sind exquisit – steigen wie schlanke Säulen hinauf zu ihrem Rumpf, dem Rumpf eines brustlosen Kürassiers …»

Die bewunderte Schönheit war um diese Zeit bereits eine etablierte Autorin, bekannter als Virginia und mit sehr viel höheren Auflagen. Virginia versuchte, sie für die Hogarth Press anzuwerben; Vita nutzte die Gelegenheit, schrieb die Novelle «Verführer in Equador» und widmete sie ihrer neuen Freundin. Das Manuskript brachte sie persönlich nach Rodmell – Leonard blieb höflich und reserviert, Virginia war entzückt. «Sie ist Mutter, Ehefrau, große Dame – und sie schreibt so raffiniert und gefühlvoll!»

Das Vitasche Tagespensum von fünfzehn Seiten beeindruckte die Kollegin und schüchterte sie ein. Sie fühlte sich an Katherine Mansfield erinnert und entdeckte überdies biographische Gemeinsamkeiten: auch Vita hatte ein problematisches Verhältnis zu ihrer Mutter (die ihr übelnahm, daß sie kein Junge war), auch Vita war von Verwandten (einem Patenonkel) mißbraucht worden.

In ihren Kreisen war sie als Lesbierin (oder, wie Virginia zu sagen pflegte, als «starke Sapphistin») bekannt. In der Bloomsbury-Gruppe hielt man wenig von ihr; als sie zusammen mit ihrem Mann in Vanessas Haus am Gordon Square eingeladen war, wurden dem vornehmen Paar brutal seine intellektuellen Grenzen aufgezeigt. Virginia berichtete: «Wenn man Eier vor eine Glühbirne hält, erkennt man im Innern dunkle Flecken. Damit meine ich: die beiden wurden an diesem Abend als heillos beschränkt eingestuft. Er ist ohnehin ein alberner Windbeutel, und sie hat leider kaum etwas Originelles zu sagen.» Sie machten sich einen Spaß daraus, in Vitas Bildungslücken herumzustochern («Schon mal was von Moore gehört?» – «George Moore, dem Romancier?» «Meine liebe Vita, wir leben offenbar in verschiedenen Welten!»).

Vitas und Harolds Ehe war mit Virginias und Leonards kaum zu vergleichen. Das Schriftstellerehepaar verbrachte die meiste Zeit miteinander und vertraute sich gegenseitig; man hatte gemeinsame berufliche Interessen, und was die Ansichten über Kunst, Literatur, Gesellschaft und Politik betraf, trennten die linksliberalen Woolfs und die erzkonservativen Nicolsons Welten. Vita fand die Bloomsbury-Clique (die sie verächtlich «Gloomsbury» nannte) ärmlich und versponnen, Vanessas Bilder im Woolfschen Haus am Tavistock Square hielt sie für «unsäglich geschmacklos»; in ihrem Lebensstil hatte sie mit Virginia kaum etwas gemeinsam. Die Woolfs dagegen waren an Vita Sackville-West aus praktischen und privaten Gründen interessiert. Leonard erkannte in ihr sofort eine potentielle Mitarbeiterin an der Zeitschrift «The Nation», deren Literaturchef er gerade geworden war, vor allem aber war das Verleger-Paar daran interessiert, die Erfolgsautorin an die Hogarth Press zu binden. Im Laufe der nächsten Jahre veröffentlichte der Haus-Verlag der Woolfs dreizehn Bücher von Vita Sackville-West, die sich allesamt glänzend verkauften.

Virginia beobachtete in dieser Zeit, daß homosexuelle Männer sich zu Leonard hingezogen fühlten. Sie hätte gern die Rolle der neutralen Beobachterin und Beraterin gespielt, wußte aber, daß sie «emotional instabil» war – «ein Gefühl folgt auf das andere; ich bin eben in mancher Beziehung sonderbar!» (Das Wort *queer*, das sie hier verwendet, hat die Bedeutung «schwul» erst in den dreißiger Jahren angenommen; sollte es andeuten, daß ihr die eigene geschlechtliche Identität mehrdeutig erschien?) «Sexuell war ich immer ängstlich», schrieb sie später, «meine Angst vor wirklichem Leben hat mich immer in einem Nonnenkloster festgehalten.» Sie stürzte sich in die Arbeit, reiste mit Leonard ans Mittelmeer, erlitt einen Schwächeanfall («Virginia fiel in Charleston in Ohnmacht», notierte Leonard nüchtern), schrieb einen Essay «Über das Kranksein» – und sehnte sich heimlich nach Vita. Leonard, der in Partei- und Redaktionsgeschäften zu ertrinken drohte und sich um ihre Gesundheit sorgte, überredete sie schließlich, statt auf Briefe und Einladungen von Vita zu warten, sich selbst nach Long Barn, ihren Landsitz, einzuladen (auf den Brief dieses Inhalts kritzelt er: «Anbei Virginia – ich hoffe, sie benimmt sich einigermaßen»).

Vita holt sie im Wagen ab. Der erste gemeinsame Abend in Long Barn verläuft ruhig. Virginia geht, wie Leonard gewünscht hatte, um elf ins Bett. Aber der zweite Abend ist «nicht friedlich», bis drei Uhr morgens bleiben die beiden Frauen auf. Virginia, offenbar die aktivere von beiden, deutet im Tagebuch auf Vitas Sinnlichkeit hin, ihre Wollüstigkeit («die Trauben sind reif – sie ist nicht klug, aber überströmend und fruchtreich und wahrhaftig»), fragt sich aber auch: «Werde ich sie je vermissen?»; Vita neckt sie mit ihrem «schlechten Benehmen auf dem Sofa» und schreibt an Ehemann Harold: «Ich liebe sie, aber nicht b.s.ly. [was soviel heißen soll wie «auf homosexuelle Weise»], wir werden uns ebensowenig ineinander verlieben, wie ich mich in Leonard oder er sich in mich verlieben könnte.» Am nächsten Tag kommt Leonard aus London, Vita fährt die Woolfs zurück nach Rodmell. Später soll sie zu Harold gesagt haben: «Ich habe mit ihr in Long Barn geschlafen und sie dann wieder zu ihrem Leonard zurückgebracht.»

In den nächsten Wochen warb Virginia offen um Vita, lud sie zum Essen, zu Ausflügen, ins Theater ein. Wieder verbringt sie eine Nacht in Long Barn, unterhält sich mit Vita bis spät in die Nacht – «immer ans Kopulieren denkend». Vita schenkt ihr einen Hund und berichtet Harold, wie lustig sie ihre Freundin findet, «*and so sane, when not mad*» – so vernünftig, wenn sie nicht verrückt ist. Virginia macht zu Vitas Gedichtzyklus «The Land» kritische Anmerkungen, sie hält ihn für ein wenig altmodisch und spricht von einem «Mangel an Durchsichtigkeit, an Intensität». Distanz ist hier zu spüren, ironische Überlegenheit, gepaart mit Eifersucht auf den Erfolg der Rivalin. Aber gleichzeitig gibt sie zu, daß Vita sie «befruchtet» hat: die Arbeit am «Leuchtturm» geht voran, sie empfindet ein Gefühl der Kreativität und des «Fließens», und in langen Briefen an die Freundin spricht sie von der Wirkung des Rhythmus: «Der Rhythmus ist eine Welle, die Ideen und Visionen auslöst und ihnen Form gibt.» Vita versucht (aus Furcht vor Virginias Ironie?), das Verhältnis zu rationalisieren, ihre Faszination als rein intellektuell zu erklären: «Die Härte ihres Verstandes, ihre Furcht, wieder verrückt zu werden, erwecken mein Mitleid. Ich möchte unter keinen Umständen, daß sie körperliche Regungen empfindet – wegen ihres Wahnsinns. Sie ist bisher mit niemandem außer Leonard zusammengewesen, und das war ein schrecklicher Fehlschlag, den sie nicht wiederholt haben... Ich habe wirklich mit ihr geschlafen (zweimal), aber das ist auch alles.»

War das wirklich alles? Harold Nicolson schien seiner Frau nicht zu glauben. Eifersüchtig malte er die Gefahren aus, die Vita für Virginias Ehe heraufbeschwor. Auch Leonard war inzwischen nicht entgangen, daß seine Frau sich verliebt zu haben schien; er schmollte, schwieg und blieb mißtrauisch, als sie die Affäre herunterzuspielen versuchte und ihm seine ungastliche Schweigsamkeit bei Vitas Besuchen vorwarf. Im Grunde langweilte ihn die extravagante Aristokratin, und noch hielt er sie allenfalls für einen Störenfried: weniger der ehelichen Harmonie (er murmelt etwas von «leicht getrübtem Einvernehmen») als vielmehr dadurch, daß sie offenbar bei seiner Frau Erregungszustände auslösen konnte, die ihre labile Gesundheit aus dem Gleichgewicht zu bringen drohten.

Vita beschreibt eine Szene im Woolfschen Haus: «Als wir kamen, aßen Virginia, Vanessa und Leonard hartgekochte Eier in der Küche. Virginia hatte gerade ein Glas fallen gelassen, der Hund fraß die Scherben auf dem Fußboden. Leonard war wütend darüber, Virginia ärgerte sich, daß ich so spät kam, und ich ärgerte mich, daß Virginia sich über mich ärgerte.» Bei anderer Gelegenheit berichtete Virginia der Freundin: «Wir lassen in Monk's House gerade zwei WCs einbauen – beide sind Dir gewidmet!» Aus der Perspektive der solchermaßen Geehrten klingt das anders: «Sie haben von den Einnahmen aus ‹Mrs. Dalloway› ein Bad und eine Toilette eingebaut. Beide laufen immer wieder nach oben und ziehen nur so zum Spaß die Spülung, kommen herunter und sagen ‹Diesmal hat es gut geklappt – hast du's gehört?›»

Leonard wollte mit dem frisch verdienten Geld einen Gärtner für das Grundstück in Rodmell anstellen. Virginia protestierte und verwies auf die Abmachung, daß die Einnahmen aus ihren Büchern zwischen ihnen geteilt werden sollten, sobald sie den Betrag überstiegen, den sie zum Leben brauchten. Sie wollte nicht einsehen, daß ein Gärtner wichtiger war als «Teppiche, Betten oder gute Sessel», und beharrte auf ihrem Standpunkt, denn «zu viele Frauen geben in diesen Punkten nach und ärgern sich dann heimlich über ihre Selbstlosigkeit». Sie war sich bewußt, daß ihre Ehe mit Leonard ein kompliziertes Rollenspiel mit wechselnden Identitäten war, in dem sich Muster ihrer Kindheit zu wiederholen schienen.

Während des Generalstreiks von 1926 war die Ehe einigen Belastungsproben ausgesetzt. Der politisch desillusionierte Leonard schlug sich auf die Seite der Streikenden, die passive und politisch apathische Virginia wollte keine Stellung beziehen und lediglich Beobachterin sein. Leonard hielt diese Haltung für realitätsfern und typisch weiblich; noch mehr ärgerte er sich über Vita, die auf ihrem Landsitz spottete: «Ich habe gerade eine Eiche gefällt, um damit meine rusti-

Virginia Woolf. Eines der drei berühmten Fotos, die der amerikanische Surrealist und Fotograf Man Ray im November 1934 machte. 1937 Titelbild des «Time Magazine».

kale Unabhängigkeit von diesem Bergarbeiterstreik zu demonstrieren.»

Virginias Skepsis gegenüber jeder Form von Autorität, ihre Furcht, von anderen Menschen beherrscht zu werden, äußerte sich jetzt in überraschenden Gesten der Auflehnung. Sie wollte sich nicht mehr damit abfinden, daß Leonard weder bereit war, ihr Taschengeld (13 Shilling pro Woche) zu erhöhen, noch sie alleine verreisen zu lassen. Es kam nun öfter zu Streitigkeiten, auch zu Tränen. Vita spürte etwas von Mißhelligkeiten bei den Woolfs und schrieb an Harold: «Leonard ist eine kauzige, grimmige, einsame Kreatur, Virginia dagegen ein Engel an Witz und Intelligenz. Ich weiß, Leonard ist ermüdend und verschroben und manchmal jüdisch, d. h. knauserig mit Geld, aber in Wirklichkeit ist er mit seiner schuljungenhaften Liebe zu Tieren und technischen Spielereien unwiderstehlich jung und anziehend. Liebling, ich weiß, daß sie sterben muß, und das wird furchtbar sein – ich meine nicht hier, am Wochenende, sondern ich glaube, daß sie jung sterben wird.»

Virginias anrüchige Freundschaft mit der blaublütigen Vita wirkte, vor dem Hintergrund der eigenen Ehe, wie ein Aufblick zur Welt der höheren Kreise, vor allem aber wie eine Suche nach noch größerer Wärme und Geborgenheit, als Leonard sie ihr geben konnte. Die Beziehung der beiden Frauen war am engsten in den Jahren von 1925 bis 1928. Aber schon in dieser Zeit hatte Vita eine turbulente Affäre mit Mary Campbell, der Frau des südafrikanischen Dichters Roy Campbell. Vielleicht war die Enttäuschung darüber der Anlaß für Virginia, mit «Orlando» zu beginnen, jener fantastischen «Biographie» von Vita Sackville-West, in der sie als ein junger Edelmann und Dichter auftritt, der sich nach der Hälfte seines vierhundertjährigen Lebens in eine Frau verwandelt. Es ist, als habe Virginia gespürt, daß Vita, deren physische Bedürfnisse sie nicht erfüllen zu können glaubte, ihr zu entgleiten drohte. «Orlando» war ein schwieriges Projekt; die surreale Geschichte, die als ein Scherz begonnen hatte, wollte nicht recht von der Stelle kommen, und wie immer waren die letzten Kapitel die heikelsten. Als Leonard das Manuskript gelesen hatte, meinte er, das Buch sei eine klassische Satire; er nahm es sehr viel ernster als Virginia, für die «Orlando» zwar eine Liebeserklärung an Vita blieb, aber auch ein Buch über unterdrückte Gefühle und Formen der Selbstzensur – eine Anti-Biographie voll undeutlicher Sinnlichkeit.

Vitas und Virginias Verhältnis war in dieser Zeit weniger leidenschaftlich, aber noch immer lebhaft. Sie ließen sich beide die Ohren durchstechen («Wirst Du am Freitag auch penetriert?»), sie planten eine Septemberwoche in Frankreich. Virginia befürchtete, daß Leonard ihre Abwesenheit nicht ertragen könnte («... wenn ich den Frankreich-Plan erwähne, spielt er mir seine unerträgliche Einsamkeit für diesen Fall vor, und ich blase alles ab; dann wird mir plötzlich klar, wie gefühlsduselig dieser Zustand ist, ich stelle mir vor, wie ich mich von ihm verabschiede, und kann es nicht über mich bringen... schließlich hätte ich Leonard nicht geheiratet, wenn ich nicht am liebsten mit ihm zusammen lebte»). Aber schließlich kam die Reise doch zustande; in Burgund, in Saulieu, Avallon, Vézelay, Auxerre denkt Virginia öfter, als Vita lieb ist, an den zurückgebliebenen Gatten, kauft ihm einen grünen Cord-Sakko und schmachtet: «Länger als eine Woche von Dir entfernt zu sein halte ich nicht aus – es gibt so vieles, worüber ich nur mit Dir, aber nicht mit Vita sprechen kann (sie ist intelligenter als Du glaubst!)» Vita schwärmt in Briefen an Harold von «dieser liebenswerten Symbiose aus brillantem Verstand und zerbrechlichem Körper – so unabhängig in allen geistigen, so abhängig in allen praktischen Dingen! Sie hat eine zarte, kindliche Natur, die mit ihrem harten Intellekt nichts zu tun hat – keiner weiß das außer mir, nur Leonard und Vanessa.» Die beiden sprechen über ihr Verhältnis zu Männern und Frauen. Virginia mißfällt an den Männern das Besitzergreifende; der Begriff «Männlichkeit» ist ihr unangenehm. Frauen regen mit ihrer Anmut und Lebensklugheit ihre Vorstellungskraft an. Vita erinnert sich an eine Nacht in Vézelay, in der sich ein Gewitter über der Kathedrale entlud: «Wir saßen im Dunklen, während die Blitze von Zeit zu Zeit ihr Gesicht erhellten. Sie fürchtete sich, glaube ich, ein wenig, und vielleicht brachte sie das dazu, mit tieferem Ernst, als ich ihn je an ihr wahrgenommen hatte, von der Unsterblichkeit zu sprechen, und vom persönlichen Weiterleben nach dem Tod.»

Virginia war am Ende froh, wieder bei Leonard zu sein. Sie entschuldigte sich bei Vita, daß sie so weich war, *such a mollycoddle*, bloß um Leonard in seiner «weibischen Betulichkeit» nicht zu verletzen. Virginia konnte Beziehungen genau einschätzen – sie wußte: wenn sie sich Leonard und den ihr am nächsten stehenden Menschen unterwarf, übte sie auch eine Art von Kontrolle über sie aus. Und sie hatte auch begriffen, daß sie auf Vitas Freundinnen eifersüchtig sein mußte, wenn die Maskerade, in der Leonard den argwöhnischen Ehemann, Vita die sinnliche Verführerin spielte, funktionieren sollte.

Anfang 1929 reisten Virginia und Leonard Woolf nach Berlin, auf Einladung von Harold Nicolson, der inzwischen an die britische Botschaft in Deutschland versetzt worden war. Vita quartierte die Woolfs im Prinz Albrecht-Hotel ein, wo sich auch Vanessa, Duncan Grant und Quentin Bell aufhielten, die gerade eine Kunstreise durch Deutschland hinter sich hatten. Virginia und Leonard fühlten sich in Berlin nicht wohl; Homosexuellenbars und Transvestiten, die Landsleute wie Christopher Isherwood und W. H. Auden angelockt hatten, interessierten sie nicht, und für die Diplomaten, mit denen Harold Nicolson sie bekannt machen wollte, konnte sich Leonard schon gar nicht erwärmen. Die Stimmung war gereizt. Vanessa berichtete über Schwester und Schwager nach Hause: «Sie wissen nicht richtig, wie sie sich verhalten sollen: lieber gehen sie riesige Strecken zu Fuß, als daß sie sich ein Taxi nehmen, und sie essen im Hotelrestaurant, wo man zehn Mark für ein Mittagessen bezahlt, anstatt in ein billigeres Lokal zu gehen, wo es weniger als die Hälfte kostet. Leonard hat, glaube ich, Verbindung mit deutschen Sozialisten aufgenommen; Virginia läßt sich die meiste Zeit von Vita im Auto herumfahren.» Bei einem Abendessen im Funkturmrestaurant scheinen sich die beiden ziemlich in die Haare geraten zu sein, wie aus Vitas späteren Äußerungen zu entnehmen ist. Auf der Rückreise wurde Virginia seekrank; als Vanessa ihr eine Tablette gab, brach sie zusammen und blieb wochenlang bettlägerig.

Am 11. Oktober erschien «Orlando». Vita las das Buch und war «verwirrt, bezaubert, verhext». Ihre Mutter hingegen war entsetzt; sie schrieb einen empörten Brief an Virginia und schmierte in ihr Exemplar von «Orlando», neben ein Foto der Autorin: «Dies ist das scheußliche Gesicht einer wahnsinnigen Frau, deren irres Begehren darauf gerichtet ist, Menschen auseinanderzubringen, die sich lieben. Ich hasse diese Person, die mir meine Vita weggenommen hat.» «Orlando» war tatsächlich beides zugleich: ein märchenhafter Abschiedsgesang und ein letzter Versuch, die geliebte Freundin auf eine Weise zu bezaubern, die ihren anderen Liebhaberinnen versagt bleiben mußte.

Virginias Vorstellungen über Frauenfreundschaften, Sexualität, Biographie und Geschichte hatten seit Beginn der Beziehung zu Vita eine neue Dringlichkeit und Intensität angenommen. «Orlando» geriet ihr zu einem Porträt der Freundin, aber auch zu einem unbeschwerten Scherz, in dem Vitas aristokratischer Hintergrund, das Schloß ihrer Vorfahren, ihre vornehme Erscheinung, ihr unkonventionelles Auftreten immer wieder, mehr oder weniger durchsichtig, auftauchten. Aber das Buch hat auch, neben den warmherzigen, ironische, parodistische, ja sadistische Züge: Orlando verzerrt Vitas Eigenschaften ins Absurde, Groteske.

Und ähnlich wie die Vorlage manipuliert ist, treibt auch die fiktive Figur ihr Spiel mit den Lesern – «Orlando» ist eine Biographie, die sich hemmungslos über Gattungskonventionen hinwegsetzt. Sie hat die Form eines intimen Berichts über eine intime Freundin, der von den Empfindungen der Verfasserin wenig erkennen läßt, und sie ist gleichzeitig eine Kritik an der Tabuisierung von Sexualität, die über die eigenen erotischen Regungen nichts verrät.

Schließlich ist das Buch aber auch eine poetische Verklärung der Freiheit: eine Frau löst sich aus einer langen Reihe von Einschränkungen und Behinderungen. Orlando läßt «seine» Eltern ohne große Probleme hinter sich; «ihre» Heirat ist ein geistiges Abenteuer, keine lästige Bindung mehr. In diesem «Roman», der sich elegant durch die englische Literatur von Shakespeare bis zu Virginia Woolf bewegt, befreit sie sich als schreibende Frau in einem ganz unelegischen Ton von der Erblast der Familie; für eine Weile sogar von den Bedrohungen der eigenen Krankheit.

Die zehn Jahre der Freundschaft waren im Leben beider Frauen eine ungewöhnlich produktive Phase; nie zuvor hatten sie so viel und so Anspruchsvolles geschrieben. Vita gestand der Freundin 1927: «Es ist wahr: intellektuell hat bisher niemand einen so starken Einfluß auf mich gehabt wie Du.» Umgekehrt hatte wohl erst die Liebesbeziehung zu Vita Virginia dazu gebracht, historische Themen zu behandeln – und einen Roman wie «Zum Leuchtturm» zu schreiben (ein Buch, das seinerseits im Werk der Freundin nachgewirkt hat). An der aristokratischen Welt, der Vita unübersehbar entstammte und angehörte, übte Virginia bei aller Bewunderung auch Kritik: der englische Adel hatte für sie etwas Saft- und Kraftloses und erschien ihr geistig beschränkt. Virginias Ansichten zur Frauenfrage waren nicht ohne Echo bei der von Hause aus politisch eher konservativen Vita geblieben.

Mitte der dreißiger Jahre ging die Freundschaft zu Ende,

«nicht im Streit, nicht mit einem großen Krach; sie fiel zu Boden wie eine reife Frucht». Vita, deren Erwartungen im Laufe der Zeit enttäuscht worden waren, hatte sich mittlerweile auf eine stürmische Beziehung mit Harold Nicolsons Schwester, Gwen St. Aubyn, eingelassen, einer Frau, die Virginia nicht ausstehen konnte. Sie fand nun nichts mehr dabei, sich einzugestehen, daß Vita letztlich doch wohl eher dümmlich sei und daß überdies ihre äußeren Reize nachgelassen hätten, und fühlte sich darin von Vanessa bestätigt, die ihr schrieb, sie habe Vita gesehen – «sie sieht aus wie ein Mann, mit einem Schnurrbart, herrisch und sehr groß».

Die Korrespondenz zwischen Virginia Woolf und Vita Sackville-West gilt heute als eines der großen Liebes-Duette der modernen Literatur. Als Vita in den fünfziger Jahren Virginias Briefe an sie veröffentlichen wollte, verweigerte ihr Leonard die Erlaubnis, nicht aus Rachsucht, sondern weil er fürchtete, ein solches Buch könnte dem Ansehen des Bloomsbury-Kreises schaden. Nach Virginias Selbstmord hatte er ihr als erster geschrieben und ihr mitgeteilt, daß Virginia verfügt habe, sie wolle ihr eines ihrer Manuskripte hinterlassen – die Wahl stünde ihr frei. Als Vita sich für «Die Wellen» entschied, schrieb er ihr, ausgerechnet dieses Manuskript wolle er selber behalten, und bot ihr «Mrs. Dalloway» an, womit sie einverstanden war. In ihrem Dankesbrief nannte sie Virginia «den liebenswertesten Geist und Verstand», den sie je gekannt habe, «unsterblich für die Welt und alle, die sie geliebt haben».

# «Ich will kein Schönheitspflästerchen sein»

Leonards Behauptung, Virginia sei «das unpolitischste Geschöpf, das je gelebt hat, seit Aristoteles den Begriff erfand», wird oft zitiert, um den Kontrast zwischen seinem Weitblick als politischem Kommentator und ihrer naiven Weltfremdheit herauszustreichen. Dabei konnten Virginias politische Vorstellungen, was Radikalität und Konsequenz betrifft, mit den Ansichten ihres Gatten durchaus mithalten. Daß Leonard ihre politischen Theorien meistens beiseite schob, hat sicher auch damit zu tun, daß er sich auf seinem eigenen Terrain bedroht fühlte, wenn sich Virginia unabhängige Meinungen zu Themen erlaubte, für die er in der Ehe das Monopol zu besitzen glaubte. Schließlich hatte er Erfahrungen als Kolonialbeamter gesammelt, für die Fabian Society einflußreiche Pamphlete geschrieben, an der Gründung des Völkerbundes mitgewirkt, als außenpolitischer Berater der Labour Party fungiert und mehrere politische Zeitschriften herausgegeben. Seine literarischen Pläne hatte er unmittelbar nach der Hochzeit mit Virginia ernüchtert an den Nagel gehängt und sich fortan strikt an die selbstverfügte Kompetenzverteilung gehalten: wenn Virginia das literarische Genie der Familie war, stand ihm die Rolle des politischen Kommentators zu.

Die Gattin wußte, daß sich bei Leonard hinter dieser Rollenverteilung eine grundsätzliche Geringschätzung der Frauen in Fragen des politischen Urteils verbarg. «Es gibt sehr viel mehr törichte Frauen als törichte Männer», hatte er schon 1907 aus Ceylon an seinen Freund Lytton Strachey geschrieben, «aber gerade weil es so viele törichte Männer gibt, kann es nichts schaden, wenn man den Frauen das Wahlrecht gibt – wenn sie es denn unbedingt haben wollen.» Er hatte sich ein einfaches Modell zurechtgelegt: Weil Frauen an den klassischen politischen Aktivitäten (Regierungsgeschäfte, Parteiarbeit) nur selten beteiligt sind, können sie auch in ernsthaften politischen Angelegenheiten nicht kompetent mitreden.

Virginia fühlte sich seit je von einer männlich bestimmten Welt ausgeschlossen, in der sich Leonard wie selbstverständlich bewegte. In Briefen und Tagebucheintragungen beschäftigte sie sich jetzt immer häufiger mit der Tatsache, daß Männer die Frauen nicht nur von ihren «ureigenen Angelegenheiten» ausschließen, sondern auch die Interessen der Frauen absichtlich ignorieren. Dennoch beherrschte sie die Rolle der konventionellen Ehefrau: sie hat ihren Gatten brav auf die langweiligsten politischen Versammlungen begleitet, seine Karriere vorbehaltlos unterstützt und sein politisches Selbstverständnis nie angezweifelt.

«Ein Zimmer für sich allein» ist nicht nur Virginia Woolfs bekannteste und wichtigste Äußerung zur Frauenfrage, sondern auch ihr bedeutendster Beitrag zur politischen Theorie. Das Buch, das 1929 in der Hogarth Press mit einem von Vanessa entworfenen blauen Schutzumschlag erschien, war in einer Phase ungewöhnlicher schöpferischer Energie unmittelbar nach dem Roman «Zum Leuchtturm» (1927) entstanden; es kommt aus dem gleichen Umfeld wie «Orlando» (1928) und «Die Wellen» (1931). Die Nähe zu «Orlando» ist besonders auffällig: beide Werke ergeben, zusammengenommen, ein Kompendium der feministischen Ideen, die Virginia Ende der zwanziger Jahre entwickelt hatte. Der selbstverfaßte Klappentext der Erstausgabe beschreibt das Vorhaben so: «Dieser Essay, dessen Rahmenhandlung zum großen Teil frei erfunden ist, beruht auf den Eindrücken, die eine Außenseiterin beim Besuch einer bestimmten Universität sammelte. Er beschreibt die Gedanken, die sich bei einem Vergleich der Wohnverhältnisse in einem Männer-College und in einem Frauen-College aufdrängen. Das führt zu einer Skizze der Lebensbedingungen von Frauen in der Vergangenheit und der Wirkungen, die diese Bedingungen auf die von Frauen geschriebene Literatur hatten. Danach werden die Voraussetzungen erörtert, die für das kreative Schreiben nötig sind, einschließlich der richtigen Beziehungen der Geschlechter zueinander. Schließlich wird der Versuch gemacht, die gegenwärtige Situation zu beschreiben und vorauszusagen, welche Auswirkungen ein gewisses Maß an Freiheit und Unabhängigkeit auf die künstlerische Arbeit von Frauen in Zukunft haben könnte.»

Virginia hatte sich am 20. Oktober 1928, kaum eine Woche nach dem Erscheinen von «Orlando», von Leonard im Auto nach Cambridge fahren lassen, wo sie im Newnham College und eine Woche später, begleitet von Vita, im Girton College über die Frauenfrage sprach. Leonards Anwesenheit erwies sich als lästig, ja peinlich; es ist auch wenig wahrscheinlich, daß er den Ausführungen seiner Frau, die rhetorisch nicht besonders geschickt waren, mit großer Begeisterung folgte. Die ersten Rezensionen von «Ein Zimmer für sich allein» wird er mit heimlicher Zustimmung gelesen haben, zum Beispiel Vita Sackville-Wests Kommentar im «Listener», in dem es hieß, daß Virginia Woolf «viel zu vernünftig ist, um sich dem Feminismus zu verschreiben; da es so etwas wie Maskulinismus nicht gibt, brauchen wir auch keinen Feminismus, scheint sie zwischen den Zeilen zu sagen».

Leonard gehörte zu jenen englischen Intellektuellen, für die ein gemäßigter Anti-Feminismus «politisch korrekt» war, obwohl er sich aktiv in der Women's Cooperative Guild engagierte und öffentlich behauptete, daß der Feminismus «die Sache aller vernünftigen Männer» sein müsse. Er wird gegen Arnold Bennetts Bemerkung nichts einzuwenden gehabt haben, der davon sprach, daß Virginia in diesem Buch wieder einmal das Opfer ihrer zügellosen Phantasie geworden sei. Er wußte, daß Virginia, schon bevor er sie kannte, lose mit der

Suffragettenbewegung zu tun gehabt hatte, und er hatte sie ohne Vorbehalt unterstützt, als sie, wie er, gleich nach der Heirat in der Women's Cooperative Guild mitarbeitete und regelmäßige Frauentreffen im Hause Woolf organisierte. Aus jener Zeit stammte auch die Anfrage bei ihrer Griechischlehrerin Janet Case, ob es den Suffragetten recht sei, wenn sie ihnen ein bis zwei Nachmittage in der Woche beim Beschriften von Briefumschlägen helfe.

Leonard war oft dabei, wenn sie versuchte, freundlich mit Arbeiterfrauen umzugehen. Virginia war ehrlich genug zuzugeben, daß sie einen Zugang zu den Problemen dieser Frauen nur über das geschriebene Wort finden konnte; sie wußte, daß sie nie mehr sein würde als wohlwollende Zuschauerin, wenn es darum ging, zwischen «working class women» und Frauen der Mittelschicht zu vermitteln. Leonard billigte zwar ihren Plan, die Memoiren ungebildeter Frauen zu sammeln und in der Hogarth Press, versehen mit einem eigenen Vorwort, zu drucken, konnte aber keine große Begeisterung für das Vorhaben aufbringen. Virginias Interesse an Frauenfragen bleibt gebunden an ihren sozialen Status, ihre Perspektive die des gehobenen Bildungsbürgertums. Sie hatte erlebt, wie das viktorianische Patriarchat, auch ihr Vater Leslie Stephen, die bürgerlichen Frauen auf eine häusliche Sphäre beschränkte, in der es nicht die geringste Möglichkeit für einen psychischen oder physischen «Raum für sich selbst» gab. Die Vorstellung eines Raumes als Basis jeder Unabhängigkeit spielt bei Virginia Woolf nicht nur in den Titeln ihrer Werke eine Rolle («Jakobs Zimmer») – sie ist in einem umfassenden Sinn zu einer Metapher der Freiheit und Unabhängigkeit geworden.

Leonard konnte nicht ahnen, daß «Ein Zimmer für sich allein», ähnlich wie Mary Wollstonecrafts «Verteidigung der Rechte der Frau» oder Simone de Beauvoirs «Das zweite Geschlecht», die Vorstellungen eines ganzen Zeitalters über die Rolle der Frau verändern sollte. Jorge Luis Borges übersetzte den Essay (wie auch «Orlando») ins Spanische, in Amerika hat das Buch längst den Rang eines kanonischen Textes, und kaum eine Äußerung zur feministischen Literaturtheorie ist ohne einen Hinweis auf Virginia Woolfs fulminante Streitschrift zu denken. In dieser Abhandlung sind die Bilder zur Lage der schreibenden Frau vorgeprägt, hier werden die elementaren Fragen gestellt und prophetische Antworten gegeben.

Für Leonard war das Buch eine eher fragwürdige Übertragung politischer Ideen auf das (in seinen Augen unpolitische) Feld der Literatur. Stolz darauf, daß seine Frau aus der Welt des spätviktorianischen Großbürgertums kam, hielt er wenig von ihren Versuchen, diesen sozialen Hintergrund durch (in seinen Augen pseudofeministische) Appelle an eine nebulöse Frauensolidarität zu verschleiern. Wahrscheinlich glaubte er, wie übrigens Vanessa auch, daß Virginia mit ihren feministischen Forderungen nur die eigenen psychischen Probleme zu überspielen versuchte. Schließlich hatte sie mit den meisten der von ihr beklagten Frauenschicksale wenig gemeinsam und vermied es überdies auffällig, von ihren eigenen Erfahrungen zu sprechen. Darüber konnte er nur froh sein, denn bei der Natur des Themas lagen Fragen nach der Woolfschen Ehe und der Rolle des Ehemannes in der Luft.

Glücklicherweise wurden solche Fragen nur selten gestellt, und Leonard hütete sich, diese Themen von sich aus aufzuwerfen oder Enthüllungen aus dem Ehealltag beizusteuern. Die öffentlichen Reaktionen kreisten rasch um die grundsätzliche Bedeutung der von Virginia ausgesprochenen «Wahrheiten»; bei vielen Kritikern entstand der Eindruck, Virginia Woolf sei nicht nur die selbsternannte Sprecherin der Frauenbewegung gegen Erbe und Auswüchse des viktorianischen Patriarchats, sondern eine Gegnerin der Klassengesellschaft schlechthin.

Die zentralen Thesen des Essays gehen unübersehbar auf

persönliche Erfahrungen der Autorin zurück. Immer wenn sie über die viktorianische Familie schreibt, gehören die eigenen Eltern zum Stammpersonal. Ihre Mutter, ein klassisches Opfer des viktorianischen Patriarchats, hatte Pamphlete gegen die Suffragetten geschrieben und erklärt, Frauen sollten sich statt politischen Fragen lieber der Hausarbeit widmen. Der Vater gehörte zu jenen viktorianischen Patriarchen, die, wie Patrick Brontë und Mr. Barrett, ihre Töchter um jeden Preis bei sich behalten wollten. Ähnlich wie Freud spricht Virginia denn auch von der infantilen Fixierung der viktorianischen Väter auf ihre Häuslichkeit. Vor allem hier sieht sie den Grund dafür, daß diese Väter sich so trotzig gegen die Eheschließung ihrer Töchter sträubten, oder, noch schlimmer, fast mit Gewalt verhinderten, daß sie einen Beruf erlernten. Auf die Gesellschaft übertragen hieße das: Die meisten Viktorianer verhielten sich wie infantil fixierte Väter. Neu ist, daß Frauen jetzt aus solchen Konstellationen zu lernen beginnen, daß sie protestieren, wenn ihre Rechte beschnitten werden (das englische Wort *to mind* gibt diese Reaktion deutlicher wieder: In «A Room of One's Own» geht es vor allem um *minding* – Frauen werden sich der Tatsache bewußt, daß sie unterdrückt worden sind, und sie finden den *a mind of their own*. Die Tatsache, daß die vier großen englischen Romanautorinnen des 19. Jahrhunderts – Jane Austen, die Brontës, George Eliot – allesamt kinderlos waren, ist für Virginia bezeichnend. Im Grunde haben nur Jane Austen und Emily Brontë «als Frauen» geschrieben, in einer Haltung selbstbewußter Unabhängigkeit.

Das Problem der schreibenden Frauen war, daß es keine Tradition gab, in die sie sich einreihen konnten. «Wir denken durch unsere Mütter zurück, wenn wir Frauen sind», heißt der berühmte Satz, an dem sich noch heute die feministischen Geister scheiden. Während die einen in Virginia Woolf «unser aller spirituelle Mutter» sehen, betrachten die anderen das Beharren auf der weiblichen Genealogie, der literarischen ebenso wie der biologischen, mit Skepsis und ergänzen, daß schreibende Frauen unvermeidlich auch über ihre Väter zurückdenken oder über die Abwesenheit von Mutterfiguren.

Virginias Feststellung, daß die Frauen nach wie vor durch ihre Zugehörigkeit zu einer bestimmten sozialen Schicht geprägt und damit zur Anpassung gezwungen sind, daß die Tabuisierung der Sexualität ihre Ausdrucksmöglichkeiten einschränkt, war für Leonard kaum mehr als eine Platitüde, und einen Satz wie «Für jeden Schreibenden ist es fatal, beim Schreiben an seine Geschlechtszugehörigkeit zu denken» hielt er allenfalls für eine Bestätigung der eigenen Position.

Nie ist er allerdings so weit gegangen wie Nigel Nicolson, Vita Sackville-Wests Sohn, der in der Einleitung zu seiner Ausgabe des fünften Bandes der Briefe von Virginia schrieb: «Die akademischen Berufe wurden damals für Frauen zugänglich; schließlich waren Virginias Ärzte in ihrer mittleren und späten Lebensphase bereits Frauen. Die Universitäten standen ihnen inzwischen offen. 1927 gab es in England 8000 Studentinnen, die überall (nur nicht in Cambridge) die gleichen Rechte wie ihre Kommilitonen hatten. Seit 1870 gab es in England die allgemeine Schulpflicht für Jungen und Mädchen. Seit 1918 sind die meisten Frauen wahlberechtigt, seit 1928 alle. Heute stehen in den Zeitungen Nachrufe auf Frauen, die ihre bedeutenden Karrieren zu der Zeit begannen, als Virginia dagegen protestierte, daß sie keine Chancen hätten. Sie nahm damals alle ihre Beispiele aus der Vergangenheit, stellte sie aber so dar, daß es scheinen mußte, sie seien noch immer typisch.» Leonard war mit der Stoßrichtung von «Ein Zimmer für sich allein» durchaus einverstanden: «In diesem Werk werden keine Tatsachen unter den Tisch gekehrt, keine Argumente verschwiegen – im Gegenteil, sie werden Bestandteile einer großen Vision, das Buch sprüht vor Leben», schreibt er später in seiner Autobiographie.

Die Frage, für wen Schriftstellerinnen schreiben, hatte Virginia schon einige Zeit beschäftigt. «Wissen, für wen man schreibt, heißt wissen, wie man schreiben muß», erklärte sie 1924. Die literarische Szene in England, zu deren prominenten Figuren Virginia und Leonard Woolf in den zwanziger Jahren gehörten, war für Frauen unwegsam. Fast alle Verleger, Lektoren, Zeitschriftenherausgeber und Kritiker waren Männer. In ihrer frühen feministischen Phase glaubte Virginia noch, wie Leonard übrigens auch, daß Lesen und Schreiben neutrale, geschlechtslose Aktivitäten seien. Aber jedesmal, wenn sie sich über dieses Thema äußerte, fielen ihr weibliche Bilder ein. Die Kritikerin, Biographin und Romanautorin Virginia Woolf spürte, daß Frauen anders über Frauen schreiben als Männer und daß sie auch die Bücher von Frauen anders lesen. Wenn sie «Ein Zimmer für sich allein» eine politische Geschichte des weiblichen Lesens nannte, konnte Leonard ihr nicht mehr folgen.

Die Zeit, in der sie gespannt auf die ersten Rezensionen ihres Frauenpamphlets wartete, war ohnehin seit je eine Zeit ehelicher Irritationen. Leonard hatte sich dagegen gesträubt, für Monk's House einen neuen Ölofen zu kaufen, sie änderte kurzerhand fest verabredete Wochenend-Reisepläne, beide konnten sich nicht entscheiden, ob sie das Dienstmädchen Nelly entlassen sollten oder nicht, sie fühlten sich an ihren Schreibtischen vom Lärm eines nahe gelegenen Hotels so gestört, daß Leonard überlegte, ob er die Hotelbesitzer verklagen sollte. Seine Stimmung war nicht zuletzt deshalb gereizt, weil er nicht wußte, ob und wie er seine Arbeit als Herausgeber der «Nation» fortsetzen konnte.

Als Mary Beton, die fiktive «Erzählerin» von «Ein Zimmer für sich allein», beobachtet, wie ein junger Mann und eine junge Frau in ein Taxi steigen, sinniert sie darüber, ob der menschliche Geist, ähnlich wie der menschliche Körper, nicht auch zwei Geschlechter hat; sie entwickelt den Ge-

danken der Androgynie und erwärmt sich für eine Geistes-
haltung, die maskuline und feminine Elemente in sich enthält und vereinigt. Frei und ohne Behinderung schreiben bedeutet, «wie eine Frau schreiben, die vergessen hat, daß sie
eine Frau ist, wie jemand, dessen Geschlecht sich seiner
selbst nicht mehr bewußt ist». Nur so kann man schreiben,
erklärt sie, nicht wie jemand, der sich in weltlichen Dingen
verliert, sondern als ob man auf den Gipfel der Welt gestiegen ist «und sie majestätisch unter sich ausgebreitet sieht». In
der menschlichen Seele, so meint Mary Beton, gibt es zwei
Geschlechter; wer ohne Zwang und Mühe schreiben will,
muß zwischen beiden ein harmonisches Verhältnis herstellen. Nur wenn die männlichen und weiblichen Elemente in
der menschlichen Psyche im Gleichgewicht sind, kann der
Geist sich ganz verwirklichen, nur der Zustand der Androgynie verhindert, daß er sich zersplittert. Jeder Autor und jede
Autorin muß entweder «woman-manly» oder «man-wo-
manly» sein. Poetisch ausgedrückt klingt das so: «Eine Ver-
mählung von Gegensätzen muß vollzogen werden, die ganze
Seele muß offenliegen, wenn wir das Gefühl haben sollen,
daß die Schriftstellerin von ihren Erfahrungen mit der größten Vollständigkeit berichtet.» Dennoch bleibt die biologische Geschlechterdifferenz erhalten, die Wechselbeziehung
zwischen männlichen und weiblichen Elementen ist rein spi-
rituell, die beiden Geschlechter verfolgen ein Ziel, das sie
unter ganz verschiedenen Voraussetzungen zu erreichen versuchen.

Diese Androgynie-Theorie mit ihrem (utopischen)
Gleichgewichtsideal ist besonders bei amerikanischen Feministinnen auf Widerspruch gestoßen; sie sehen darin einen
vagen Kompromiß oder ein grundsätzlich mehrdeutiges
Konzept und werfen Virginia Woolf vor, daß eine Frau, die
einer reinen Frauenliteratur mit Skepsis begegnet, weil ihr
die androgyne Spannung fehlt, nicht ernsthaft an einer Än-
derung der Verhältnisse interessiert sein kann.

Gisèle Freunds Foto von Virginia und Leonard Woolf in ihrem Haus am
Londoner Tavistock Square, das sie von 1924 bis 1939 besaßen und in dem
«Zum Leuchtturm» und «Die Jahre» entstanden.

Aus den Erfahrungen der eigenen Ehe hielt Virginia das androgyne Modell wahrscheinlich für eine realistische Möglichkeit zur Versöhnung der Geschlechter. Sie hatte erlebt, daß die Überbetonung des Weiblichen oder des Männlichen aggressive Reaktionen beim anderen Partner auslösen konnte. Unter ihren Lesern stellte sie sich immer auch Leonard vor, und es ist durchaus wahrscheinlich, daß sie in einer Passage wie der berühmten Stelle, an der sie Charlotte Brontë moralische Unbeherrschtheit vorwirft, den Cambridge-Absolventen Leonard und gemeinsame Bloomsbury-Freunde wie Strachey, Keynes und Forster im Auge hatte. In ihrem Roman hat die Ablehnung von Zorn und moralischer Entrüstung als Mittel der Figurenzeichnung auch immer etwas mit der eigenen Angst vor dem seelischen Ungleichgewicht zu tun und mit der Furcht, Leonard neuen Anlaß zu drastischen Einschränkungen ihrer Lebensweise zu geben.

Der Kontrast zwischen dem heiteren Grundton des Essays und seiner unversöhnlichen Botschaft ist schon den ersten Rezensenten aufgefallen; er wird auch Leonard nicht entgangen sein. An Ethel Smyth schrieb Virginia: «Hätte ich gesagt: ‹daß ich Autodidaktin bin, liegt nur daran, daß mein Vater sein ganzes Geld in die Erziehung seiner Söhne gesteckt hat› (was der Wahrheit entspricht), dann wäre die Reaktion gewesen: ‹sie hat einen Komplex abzuarbeiten›, und niemand hätte das Buch ernst genommen.»

So benutzte sie, um sich den Einwänden des Ehemannes zu entziehen, nicht Zorn, sondern Ironie als Stilmittel, einen in Charme gehüllten Sarkasmus. An manchen Stellen sprach sie aber auch deutlich aus, was ihr am Verhältnis der Geschlechter, und damit auch an ihrem Verhältnis zu Leonard, mißfällt. Dessen Reaktion war bezeichnend: Er unterscheidet zwischen «sozialem» und «literarischem» Feminismus und erklärte das Protestgebaren seiner Frau zur ästhetischen Attitüde.

Virginia hat das Wort «Feminismus» nicht geschätzt; in

den «Drei Guineen» nennt sie es sogar ein «bösartiges und verdorbenes Wort, das zu seiner Zeit viel Unheil angerichtet hat». Sie war sich der sozialen Bedingtheit und Begrenztheit ihres Standpunktes bewußt, befand sich damit unbewußt aber auch, wie Helga Quadflieg es ausdrückt, «im Einklang mit den Prämissen ihres eigenen feministischen Diskurses, der sich bewußt abgrenzt von der Objektivität behauptenden und Autorität heischenden Diktion des Konkurrenzkampfes männlicher Politiker». Virginia Woolf wollte vor allem erreichen, daß sich die Frauen aller Schichten untereinander verständigen können, ohne die sozialen Unterschiede verschleiern zu müssen. Dieser Wunsch hatte auch etwas mit der Überzeugung und der eigenen Erfahrung zu tun, daß erst ein gesichertes materielles Fundament den Frauen zu Selbstbewußtsein und gesellschaftlichem Ansehen verhelfen kann. Daher auch die Titel «Ein Zimmer für sich allein» und «Drei Guineen», in denen ohne Umschweife Mindestforderungen genannt wurden: jede Frau sollte einen Raum für sich haben und frei von finanziellen Sorgen sein – nur so könne sie sich ungehindert entwickeln. Sie selber wußte: «Keine Macht der Welt kann mir meine eigenen fünfhundert Pfund wegnehmen», und sie wußte auch, daß ihre Rücklagen nicht verdient, sondern ererbt waren. Frauen, so forderte sie, müßten nicht nur freien Zugang zu den (akademischen) Berufen haben, sondern auch für ihre Hausfrauenarbeit bezahlt werden, die nichts anderes sei als eine Vorbereitung der von den Männern geleisteten öffentlichen Arbeit. Außerdem müßten den Frauen alle Bildungsmöglichkeiten offenstehen: Sie sollen studieren dürfen, freien Zugang zu den Universitätsbibliotheken haben, und die Frauen-Colleges müßten genauso ausgestattet sein wie die Männer-Colleges (zum Mittagessen sollte statt Fleischbrühe, Eierrahm und Backpflaumen künftig, wie bei den Männern, Lachs und Rebhuhn gereicht werden!).

Fast zehn Jahre später griff Virginia das Thema noch einmal auf und behandelte es schärfer, unversöhnlicher, noch weiter entfernt von Leonards Positionen. Die Streitschrift «Three Guineas» aus dem Jahr 1938 ist ein Anti-Kriegspamphlet. Sie protestierte darin gegen die Ausbeutung von Arbeiterinnen in den Munitionsfabriken und sprach von Sklaventum und Fremdbestimmung durch den Mann. Wer genau hinsieht, entdeckt hier zwischen den Zeilen eine Auseinandersetzung mit Leonards Haltung zum Krieg. Es ist nicht ganz auszuschließen, daß die Beschäftigung mit diesen Themen auch eine Reaktion auf Leonards hartnäckiges Engagement für die Labour Party und den Völkerbund war. 1933 hatte er eine Aufsatzsammlung mit dem Titel «Wie man als intelligenter Mensch Kriege verhindern kann» herausgegeben und eine Einleitung dazu geschrieben. Das wenig beachtete Buch erhob die unrealistische Forderung nach einer internationalen Regierung, ähnlich dem Völkerbund, deren Aufgabe es sein müsse, Kriege zu verhindern. Leonard nannte den Krieg in seinem Vorwort ein soziales Phänomen: «Krieg ist keine Naturkatastrophe und deshalb grundsätzlich vermeidbar.»

Auch Virginia fragte in «Drei Guineen»: «Gibt es überhaupt Menschen, die Kriege verhindern können?» Aber im Gegensatz zu Leonard lagen für sie die Wurzeln des Krieges nicht in spezifischen Regierungsformen, sondern in der Psyche der Männer – der Krieg ist eine ausschließlich männliche Angelegenheit. Die gleichen sozialen Verhältnisse, die Kriege begünstigten, so erklärte sie, erlaubten es den Männern, die Frauen ökonomisch, sexuell und intellektuell zu unterdrücken. Während Leonard sich für den Völkerbund einsetzte – eine in ihren Augen extrem patriarchalische Institution –, plädierte sie für die Abschaffung des patriarchalischen Systems: nur so ließe sich die menschliche Psyche beeinflussen und der Krieg in seinen Wurzeln ausrotten.

Dazwischen gab es Rückfälle. Die Arbeit an den «Wellen» (1931 veröffentlicht) war eine Zeit höchster Konzentration und schier unerträglicher Anstrengung. Die Furcht, das Experimentieren mit der eigenen Schreibweise (und den Konventionen des Romans) könnte ein Ausdruck ihrer Geisteskrankheit sein, übertrug sich auf die Chemie der Wahlverwandtschaft von sechs Personen, die miteinander aufgewachsen sind und nun entdecken, daß sie Augen sind und keine Stimmen, Beobachter und keine Sprecher – die Sprache erinnert sie an ihre Fremdheit (Louis, in dem man Leonard erkennen wollte, aber auch T. S. Eliot, will nicht reden – er schämt sich seines australischen Akzents).

Der Spanische Bürgerkrieg hatte, zu ihrem Entsetzen, in der Familie ein Opfer gefordert: Vanessas Sohn Julian war im Juli 1937 in Spanien gefallen, die Mutter vor Schmerz außer sich. Virginia und Leonard hatten völlig unterschiedliche Vorstellungen davon, wie man am wirkungsvollsten Kriege verhindert, beide schrieben für ein völlig anderes Publikum. Leonards Pamphlet war von Männern für Männer verfaßt, es ignorierte Frauen nicht nur als Leserinnen, sondern auch Beiträgerinnen oder gar Friedensstifterinnen. Leonards idealer Leser war der aufgeweckte Mann, was Virginia dazu bewogen haben mochte, in «Three Guineas» einen fiktiven Mann als Adressaten zu benutzen, der «eine in der Geschichte des Briefes einzigartige Epistel verfaßt hat: denn wann hat schon jemals ein Mann eine Frau gefragt, wie nach ihrer Meinung ein Krieg verhindert werden kann?».

Virginia wandte sich an die Töchter gebildeter Männer und formulierte Leonards Frage um: «Wie können die Töchter gebildeter Väter Männern dabei helfen, Kriege zu verhindern?» Die Antwort lautete: «Sie müssen begreifen, daß es nur die Männer sind, die durch ständige Demonstrationen ihrer Überlegenheit eine Kriegsstimmung verbreiten.» (Bertrand Russell hatte in seinem pazifistischen Pamphlet «Which Way to Peace» [1936] eine ähnliche Haltung vertreten.) Frauen waren nach wie vor von allen Positionen und Funktionen ausgeschlossen, in denen Macht ausgeübt und über Krieg und Frieden entschieden wurde. Wenn ihnen in Ausnahmefällen der Zugang zur höheren Bildung gewährt wurde, neigten sie eher dazu, durch Anpassungsgesten die männliche Ideologie noch zu verfestigen.

«Sie ist für den Frieden, Leonard für Krieg», hatte Rose Macaulay lakonisch gesagt. Während Leonard auf eine Art Weltregierung setzte, in der wahrscheinlich nur Männer vertreten wären, plädierte Virginia für Aussteige-Taktiken: Frauen sollten die von ihnen erwartete Arbeit verweigern, sich aus allen zentralen gesellschaftlichen Posten zurückziehen, die höheren Bildungsanstalten in ihrem Sinne umfunktionieren und mit Nachdruck die Rechte der Frauen durchsetzen.

Seine Vorschläge wirken weltfremd, ihre spekulativ. Aber sie geht den Gründen für einen Krieg subtiler auf den Grund. Und dennoch tut sich ein merkwürdiger Widerspruch auf: obwohl sie von der politischen Welt, die er vertrat, ausgeschlossen war, schien sie um seinen Beifall zu buhlen. Wie in anderen Situationen auch, spielte sie die Rolle des unartigen, um Verzeihung bittenden Kindes und wies ihrem Mann dabei die Rolle des strengen Vaters zu.

Sie zeigte ihm ihre Entwürfe für ein antifaschistisches Pamphlet (aus dem dann «Drei Guineen» wurden) und notierte scheinbar zufrieden im Tagebuch: «Er war überaus vernünftig & bewundernswert & sagte mir, ich müsse auch noch den wirtschaftlichen Aspekt berücksichtigen.» Wahrscheinlicher ist, daß Leonard auf die politischen Ideen seiner Frau mit Sarkasmus reagierte und den ökonomischen Ratschlag eher herablassend oder ironisch erteilte; daran, daß er «Drei Guineen» für ihr schlechtestes Buch hielt, ließ er keinen Zweifel. Als er sich später beifällig über das Pamphlet äußerte, versäumte er nicht hinzuzusetzen, daß dieses Werk natürlich nicht mit ihren Romanen mithalten könne. Virginia zog daraus mit Recht den Schluß, daß er nicht über seinen Schatten springen und ihre politischen Theorien nie ernst nehmen würde: sie konnte sagen und schreiben, was sie wollte – in der Politik hielt er sich bis zuletzt für allein zuständig.

So nimmt es nicht wunder, daß sie ihm gegenüber das ganze Ausmaß ihrer Meinungsverschiedenheiten nie durchblicken ließ. Es gibt eine Tagebuchstelle, wo es heißt: «L. geht sehr hart mit anderen Leuten um, besonders mit dem Personal. Kein Mitgefühl, fordernd, despotisch. Weshalb diese Strenge? Zum Teil wohl, weil er kein Gentleman ist.» So wie er ihre politischen Vorstellungen bagatellisierte, empfand sie für seine parteipolitischen Aktivitäten wenig Verständnis, wenn nicht sogar Geringschätzung. Leonard sah sich insgeheim bestätigt, als Q. D. Leavis, die Frau des gefürchteten Kritikers F. R. Leavis, Virginias Kampfschrift in der Zeitschrift «Scrutiny» nach allen Regeln der Kunst verriß. Sie hielt ihr genau jene Art von Denkfehlern vor, die es den Männern leicht mache, sich in ihren Vorurteilen über die Intelligenz der Frauen bestärkt zu fühlen. «Mrs. Woolf hat unserem Geschlecht keinen guten Dienst erwiesen», war das vernichtende Resümee. In ihrer Intoleranz sei sie nicht weit von der Nazi-Ideologie entfernt, und vom Leben gewöhnlicher Frauen habe sie keinen blassen Schimmer. Virginia war wütend, auf sich selbst, aber auch auf Leonard, dem sie die Schuld daran gab, daß er sie in dieses Fahrwasser gelotst hatte.

Von der Literaturwissenschaft wurde sie inzwischen international wahrgenommen. 1932 erschien die erste englische Virginia Woolf-Monographie von Winifred Holtby, im gleichen Jahr die erste größere deutsche Studie, Ingeborg Badenhausens Marburger Dissertation über die Sprache Virginia Woolfs. Im März 1935 traf sie André Malraux, der in London einen «Internationalen Kongreß zur Verteidigung der Kultur» vorbereitete; sie fand ihn «sprudelnd wie eine Quelle im Juni», sich selber einmal mehr völlig unbegabt für politische Gespräche mit Männern. Nur mit dem Philosophen und Konversationsgenie Isaiah Berlin gelang das politische Gespräch auf Anhieb; sie schrieb ihm: «Wenn Sie an meine kleine graue Tür klopfen, werde ich Ihnen aufmachen.» Leonard übersetzte um die gleiche Zeit Maxim Gorki und pflegte Kontakt mit Ernst Toller, dem Dramatiker und Exponenten der Münchner Räterepublik, der 1933 in Deutschland ausgebürgert worden war, in London lebte und jetzt verkündete, daß ein Krieg unvermeidlich sei. Als böses Omen empfanden die Woolfs den Besuch der Baronin Nostitz, einer Nichte von Hindenburg, die sich als Mitglied des deutschen Schriftstellerverbandes vorstellte und aus ihren Sympathien für die Nazis keinen Hehl machte.

Die weltpolitische Entwicklung wurde zunehmend bedrohlicher. Francos Sieg in Spanien ließ Julian Bells Tod doppelt sinnlos erscheinen. Auch Leonard hielt inzwischen einen Krieg für unvermeidlich. Während sich die Krise ringsum verschärfte, gingen die Geschäfte der Hogarth Press besser denn je. Die Woolfs bauten Monk's House zum Dauerwohnsitz aus, mit einem Zimmer für Virginia, das nur vom Garten aus zugänglich war: wenn Leonard seine Frau in ihrem Schlafzimmer besuchen wollte, mußte er das Haus durch den Haupteingang verlassen.

Am 3. September 1939 brach der Krieg aus, ein Jahr darauf wurde das Haus der Woolfs am Mecklenburgh Square bei einem Bombenangriff zerstört. Danach lebten sie fast nur noch in Rodmell. Virginia litt unter dem Gedanken, daß London von deutschen Flugzeuen bombardiert wurde; gleichzeitig wehrte sie sich gegen aufkommende patriotische Gefühle, die sie als eine typisch männliche Schwäche zu unterdrücken versuchte.

Leonard schätzte ihre pychische Verfassung in dieser Zeit falsch ein, sonst wäre seine Kritik an der Roger Fry-Biographie, in die sie viel Arbeit investiert hatte, nicht so schroff ausgefallen. Virginia spürte selbst, daß es ihr schwerfiel, die vielen Affären ihres alten Freundes Roger zu beschreiben, erst recht die mit ihrer Schwester Vanessa; auch an ihrer

kunsthistorischen Kompetenz, Urteile über seine Bilder abzugeben, kamen ihr Zweifel. «Der Druck, ein zusammenhängendes Bild von Roger geben zu müssen, wird immer unerträglicher», schrieb sie. Trotz aller äußeren Erfolge quälten
sie mehr denn je Zweifel an ihrer schriftstellerischen Begabung. Sie hatte Komplexe, und diese Komplexe verwandelte
sie in Romane. Ihre Figuren konnten nicht ausdrücken, was
sie füreinander empfanden, hielten diese Unfähigkeit aber
für etwas vage Wertvolles: oft sei es besser zu schweigen statt
zu reden, schienen sie zu sagen. Die Versuchung ist groß,
hier an Leonard und Virginia zu denken. Beiden fiel die Artikulation ihrer Gefühle schwer; gut viktorianisch wollten
sie um keinen Preis sentimental sein. Die Angst, zuviel vom
eigenen Seelenleben preiszugeben, vermischte sich bei Virginia mit Zweifeln an der eigenen literarischen Originalität
und einer ständigen Furcht vor äußerlich sichtbaren Zeichen der Ich-Bezogenheit; bei Leonard verband sie sich mit
bodenloser Skepsis und einem ausgeprägten sozialen Minderwertigkeitskomplex. Ihre Abneigung gegen alle Bekundungen von Selbstbewußtsein wurde durch seinen stoischen
Solipsismus noch verstärkt.

Virginia Woolf empfand für die viktorianische Selbstgefälligkeit fast die gleiche Verachtung wie für die protzige Egomanie des Faschismus. Sie wollte nicht, daß ihre Romane als
Bekenntnisliteratur gelesen werden, und sie rang um rigorose Selbstkontrolle in allen Gefühlsangelegenheiten; gleichzeitig wuchs ihr Widerstand gegen alle öffentlich-politischen
Formen des Verkündens und Behauptens.

Ihre Unsicherheit konnte sich kurz vor einer neuen Publikation zur Panik steigern. Die Angst vor schlechten Rezensionen und die Schwierigkeiten beim Zuendeschreiben eines
Manuskripts bedingten einander. Das manische Revidieren
und Neuschreiben zeugte von kreativer Besessenheit, aber
auch von der Angst vor allem Abgeschlossenen, vorzeitig
Fertigen, aus dem das Leben entwichen war. Die Furcht, von

den anderen nicht verstanden zu werden, hatte ihre Wurzeln in traumatischen Kindheitserlebnissen und in den leidigen Begleitumständen der Depressionen und Zusammenbrüche.

Die Angst, unverständlich zu sein, wirkte über die manisch-depressiven Zustände in das eigene Schreiben hinein. Die Stimmen im Kopf sprachen eine Sprache, die sie dem ernsten, durch und durch rationalen Leonard nicht vermitteln konnte; heimlich fürchtete sie, er könnte sie nicht für brillant, sondern bloß für verrückt halten. Sie wußte, daß sich die Grenzen zwischen Originalität und Inkohärenz bei ihr bedenklich verwischten, spürte aber auch, daß sie die Stimmen, Träume und Phantasien nur in einer Sprache ausdrücken konnte, die nur für wenige Leser verständlich war.

Die Ehefrau Virginia hatte gelernt, daß sie sich, um ihre Unabhängigkeit zu bewahren, Leonard gegenüber verstellen mußte; sie konnte ihm nicht sagen, was sie wirklich dachte. Aus Erfahrung wußte sie, daß es innere und äußere Zwänge gab, die Schauspielerei und Selbstzensur erforderten. Und doch wollte sie mutig und furchtlos sein. Immer wieder redete sie sich ein, daß sie sich von niemandem unterdrücken lassen wollte – von Vätern nicht, von Kritikern oder Faschisten schon gar nicht. Sie hatte sich inzwischen dazu gebracht, den Fluß der Dinge und das Wechselspiel menschlicher Verhältnisse aus kreativer Distanz zu beobachten; die Rhythmen und Muster, die sie darin erkannte, waren für sie wichtiger als die bloß zeitliche Abfolge der Ereignisse. Das Auf und Ab der Empfindungen, so spürte sie, verlangte ebenso nach einem ordnenden Rahmen, wie die Augenblicke des Seins und des Nicht-Seins in ein Gleichgewicht gebracht werden mußten; innere und äußere Welt bedurften des ständigen Ausgleichs. Sie schrieb: «Wenn sich Träume zu weit von der Wahrheit entfernen, nähern sie sich Wahnzuständen, die in der Literatur sogleich Rückschlüsse auf die geistige Verfassung der Autoren zulassen.»

Leonard kritisierte an ihrer Roger Fry-Biographie, daß sie

144

rein analytisch geschrieben sei und die Individualgeschichte nicht aus einer künstlerischen Perspektive entwickle. Sie empfand diese Kritik als kalt und unpersönlich: «Leonard, wie er trockener und nüchterner nicht sein kann», schrieb sie ins Tagebuch, «sehr eindrucksvoll, aber so bestimmt und emphatisch, daß ich überzeugt war, das Buch sei ein Fehlschlag – ich ließ mir aber auch den leisen Hauch der Möglichkeit, daß *er* sich womöglich auf der falschen Fährte befindet...» Auch die Freunde und Rezensenten fanden an dem Buch wenig zu loben; Roger Fry bleibe blaß und leblos, hieß es übereinstimmend. Solche Reaktionen verdüsterten ihre ohnehin trübe Stimmung noch mehr. Es gab aber auch Tage der Gelassenheit und des Entrücktseins, an denen sie eine heitere und geistreiche Gastgeberin in Rodmell war.

Leonards bloßes Dasein wurde ihr immer wichtiger, im Tagebuch häuften sich rührende, liebevolle Bestätigungen ihrer Abhängigkeit. Leonard, auf einer Leiter stehend, sägt Äste in einem Baum aus – «er sah so schön aus, daß mein Herz vor Stolz stillstand: dieser Mann hat mich geheiratet!». Übereinstimmung und Gemeinsamkeit gaben ihr Kraft, aber immer weniger reichte sie aus, die drohenden Depressionen abzuwehren. Die agnostisch erzogene Virginia versuchte es mit religiösen Aufschwüngen, las in der Bibel und wünschte sich, sie könnte sich der Kirche (die sie in Rodmell ständig vor Augen hatte) anvertrauen. Aber sie wußte auch, daß der stur atheistische Leonard derartiges zutiefst mißbilligen würde – obwohl sie ihn nach außen verteidigte: «Mein Jude hat mehr Religion in einem Zehennagel und mehr Menschenliebe in einem Haar als diese Heuchler!» Leonard hat später behauptet: «Sie konnte sich einen Gott ebenso wenig vorstellen wie ich es kann» – eine Übertreibung gewiß, aber im Kern richtig: auch die Religion konnte die Verdunkelung ihres Geistes nicht verhindern.

# Verdunkelungen: 1933–1941

«Ich glaube manchmal», schrieb Virginia Woolf an den Romancier Hugh Walpole, «daß nur das Autobiographische
wirklich Literatur ist. Romane sind das, was wir von uns ab-
schälen, bis wir zum Kern kommen, und der ist nur: du oder
ich.» Ihre Geschichten wären also nur Haut und Hülle, nach
und nach abgestreift, damit am Ende die wahre Literatur, die
Lebens-Beschreibung stehen kann? Der Satz könnte aber
auch bedeuten, daß ihre Romane und Erzählungen Schutz-
schichten sind, die den Kern, die Identität der Autorin in
sich verbergen. Der Roman «Die Jahre», an dem sie lange
und unter Qualen gearbeitet hatte und der 1937 erschien, ist
eine Rückkehr zu den frühen Themen. Als «Essay-Roman»
begonnen, wird aus dem Manuskript über viele Stufen eine
Familienchronik, in der sich private Schicksale und öffentliche Ereignisse überlagern. Krankheit und Tod, Gewalt und
Wertverlust beschleunigen den Niedergang der Pargiters. Mit
der Verankerung im Faktischen knüpfen «Die Jahre» an
«Nacht und Tag» an, aber Virginia kann nun die Fülle der
Fakten kaum noch bewältigen.

Leonard äußerte sich später so über den Roman: «In
ihrem dritten auf Tatsachen beruhenden Buch [für ihn war
die Roger Fry-Biographie, nach «Nacht und Tag», das zweite]
stimmte wieder etwas Grundsätzliches nicht. In diesem Tat-
sachen-Roman gerieten die Fakten außer Kontrolle, das
Buch wurde übermäßig lang und lose – es war in mancher
Hinsicht eine Totgeburt.»

In ihren letzten Lebensjahren schien Virginia häufiger
und länger als früher von der Alltagswirklichkeit abgehoben;
das spürten nicht nur Leonard und die Freunde, auch in
Briefen und Tagebucheintragungen läßt sich der zuneh-

mende Realitätsverlust verfolgen. Leonard war an solche Phasen seit langem gewöhnt, er wußte schon vor der Hochzeit von Virginias «Absenzen». In seinem Roman «Die weisen Jungfrauen» hatte er von der (nach Virginia modellierten) Figur Camilla gesagt, daß es bei ihr keine erkennbare Grenze gebe zwischen Traum und Wirklichkeit. Die Virginia der späten dreißiger Jahre setzte ihre Träume, die Welt ihrer Vorstellungen, immer mehr mit der Wirklichkeit gleich. Als sie die strukturlosen, repetitiven «Jahre» beendet hatte, wußte sie endgültig, daß sich inneres und äußeres Leben für sie nicht mehr trennen lassen würden. «Den größten Teil des Tages erlebe ich nicht bewußt», schrieb sie und meinte damit, daß sie die praktischen Dinge des Alltags kaum noch wahrnahm. Dessen Banalität verliert für sie jeden Rest an Realität: «Man geht, ißt, sieht und erledigt etwas, kümmert sich um den nicht funktionierenden Staubsauger, bestellt das Essen, schreibt Aufträge für das Dienstmädchen, wäscht, kocht, arbeitet in der Druckerei. An einem schlechten Tag ist der Anteil dieser Form des Nicht-Seins sehr hoch.» Längst wußte sie, daß sie nicht dafür geboren war, den Kleinkram des Alltags in ihren Büchern abzuschildern; wenn sie sich mit der großen Jane Austen verglich, wurde ihr das erschreckend klar. Wenn aber andere diese Eigenart bemängelten, war sie verletzt. Als Leonard, der Nietzsche-Leser, ihr entgegenhielt: «Im Kleinsten und Alltäglichsten unwissend zu sein und keine scharfen Augen zu haben – das ist es, was die Erde für so viele zu einer ‹Wiese des Unheils› macht», und obenhin bemerkte, es sei nun einmal nicht ihre Stärke, lebenswahre Charaktere zu zeichnen oder die Misere des Alltags zu beschreiben, war sie verärgert und gekränkt.» «Die Jahre» waren auch ein Versuch, Kritikern wie W. B. Yeats zu beweisen, daß der Vorwurf, sie könne keine menschlichen Menschen gestalten, nicht gerechtfertigt war.

Von allen feindseligen Urteilen über ihr Werk hat sie Wyndham Lewis' Bemerkung über ihre bequeme Beobach-

terattitüde am meisten getroffen. Leonard mag dieser Einschätzung heimlich zugestimmt haben, obwohl er nach
außen jederzeit zur Verteidigung seiner Frau bereit war; keiner wußte so gut wie er, daß sich der Vorwurf elitärer Le-
bensferne allein schon mit Zitaten aus ihren hinreißenden
Briefen und Tagebüchern spielend widerlegen ließe. Kaum
jemand konnte wie sie das Leben beobachten, kaum jemand
war aber auch so wenig wie sie geeignet, das Leben einfach
zu leben. Immer öfter schien es ihr nun in die Erinnerung zu
entgleiten.

Leonard erkannte, wie gefährlich sich der deutsche Natio-
nalsozialismus entwickelte. Er war ein Sozialist, der gegenüber den Versprechungen der Kommunisten skeptisch geblieben war, machte sich aber auch über die Nazis keine
Illusionen. Gleich nach Hitlers Machtergreifung hatte er geschrieben: «Nach den Maßstäben, an denen zweitausend
Jahre lang gemessen wurde, was Zivilisation ist, haben wir es
hier mit einer der brutalsten Diktaturen zu tun, die je von
einem zivilisierten Volk ertragen worden ist.» 1935 verfaßte
er ein Pamphlet mit dem Titel «Quack, Quack!»; er ana-
lysierte darin die Begriffe Primitivismus und Autokratie und
verglich die Reaktion der Bevölkerung auf Hitler und Mussolini mit der Fetisch-Verehrung bei primitiven Stämmen.
(«Der Erreger der deutschen Krankheit ist die Botmäßigkeit
des Einzelnen gegenüber dem Staat.») Virginia arbeitete zur
gleichen Zeit an dem Essay «On Being Despised», in dem sie
ihrem Zorn über den Ausschluß von Frauen aus der London
Library freien Lauf ließ. Auch sie spürte nun, daß die Entwicklung in Deutschland etwas Bedrohliches anzunehmen
begann (im Tagebuch vom 2. Juli 1934 reagiert sie entsetzt
auf Greueltaten der SA).

Trotzdem beschlossen beide im Frühjahr 1935, mit dem
Auto über Deutschland nach Rom zu fahren, wo sie sich mit
Vanessa treffen wollten. Leonard wußte, daß er gerade jetzt

nichts Besseres für Virginia tun konnte, als mit ihr zu verreisen. «Sie reiste leidenschaftlich gern», schrieb er, «und Reisen übten eine merkwürdige Wirkung auf sie aus. Im Ausland verfiel sie in einen eigenartigen Zustand passiver Wachsamkeit, alles Fremdartige, was sie sah und hörte, ließ sie in sich einströmen. Ich sagte immer, sie sei wie ein Wal, der das Meerwasser durch sein Maul strömen läßt, um die eßbare Flora und Fauna des Meeres herauszufiltern. Virginia filterte die Geräusche und Eindrücke, Echos und Visionen heraus und bewahrte sie, bis sie Monate später Nahrung für ihre schöpferische Phantasie und ihre Kunst wurden.»

Die Woolfs schienen zu wissen, worauf sie sich mit dieser Reise einließen; sie trafen eine Reihe von Vorsichtsmaßnahmen, damit «Leonards lange, krumme Nase» ihnen keine Schwierigkeiten bereitete. Ein Freund im britischen Außenministerium, der gerade aus Berlin zurückgekommen war, verschaffte ihnen einen Schutzbrief, ausgestellt von Fürst Bismarck in der deutschen Botschaft in London, warnte sie aber auch davor, sich bei Nazi-Kundgebungen blicken zu lassen. Von ihm erhielt Virginia aus erster Hand einen Lagebericht: «Hitler», so notierte sie im Tagebuch, «offenbar sehr eindrucksvoll, sehr furchterregend... Die Deutschen haben genug Flugzeuge, um uns auszulöschen. Wenn sie uns wirklich alle umbringen? Aber sie haben ja noch ihre Kolonien. Ich brauche Raum, hat Hitler gesagt. Passive, klobige Sklaven stehen hinter ihm, wie ein großer Stempel wird er sich in die braune Masse eindrücken ... und eines Tages wird das Giftgas durch die Oxford Street strömen.»

Zwischendurch versuchte sie, die Gefahr zu bagatellisieren: «Es wäre interessant, eine antisemitische Demonstration mitzuerleben, aber das wird uns wohl nicht gelingen. Ich kann mir nicht vorstellen, daß wir wirklich in kritische Situationen geraten.» Schließlich hatten sie ja Mitz dabei, Leonards Krallenaffen, der überall Aufsehen erregte, weil er, wie Quentin Bell behauptet, eine verblüffende Ähnlichkeit mit Joseph Goebbels hatte. Eine brenzlige Situation ergab sich, als sie in Bonn in eine Nazi-Demonstration gerieten. Die Straßen waren von fähnchenschwingenden Schulkindern und SA-Männern gesäumt; Virginia glaubte, sie warteten auf Hitler. Überall sah man Transparente mit Aufschriften wie «Der Jude ist unser Feind». Den Bismarck-Brief vorzuzeigen war nicht nötig: sobald die Menschen im Woolfschen Cabriolet Mitz, den Krallenaffen, sahen, «kreischten sie vor Entzücken». Leonard berichtet: «Mehrere Kilometer fuhren wir durch dichte Reihen jubelnder Deutscher, die Mitz ‹Heil Hitler! Heil Hitler!› zuriefen und mit ausgestrecktem Arm auch Virginia und mich mit dem Nazigruß bedachten. Ich grüßte auf die gleiche Weise zurück. Aber schließlich hielt ich es nicht mehr aus und beschloß abzubiegen. Am Ufer des Rheins (der für mich zu den wenigen wirklich häßlichen Flüssen der Welt gehört) fanden wir in dem Ort Runkel ein sehr großes Hotel ...» Am nächsten Tag fuhren sie über Mainz und Darmstadt nach Heidelberg, von da über Stuttgart und Ulm nach Augsburg, und anschließend über München nach Innsbruck. «Spaß hat uns das nicht gemacht; es lag etwas Unheilvolles und Bedrohliches über dem Deutschland von 1935. Die deutsche Tradition ist mit grober und barbarischer Dummheit behaftet.»

Die bizarre Szene – die Woolfs fahren im offenen Wagen mit dem Hitlergruß in Bonn durch ein Spalier jubelnder Menschen – ist unterschiedlich kommentiert worden. Isaiah Berlin zum Beispiel hielt Leonard für die treibende Kraft hinter dieser Deutschlandreise; in seiner tiefen Verachtung für alle Politiker habe er sich einen Spaß daraus machen wollen, der makabren Situation einen komischen Effekt zu unterlegen; die Gefährlichkeit der Situation habe er nicht einschätzen können und vom Ausmaß des Judenhasses in Deutschland keine Vorstellung gehabt.

Und eine den Nazis zuwinkende Virginia Woolf – das Bild kam allen denen gerade recht, die in ihr die hochnäsige, großbürgerliche Ästhetin sahen, der alles Politische gleichgültig war und die sich unverfroren zum Snobismus bekannte: «Wenn Sie mich fragen, ob ich lieber Einstein oder den Prinzen von Wales kennenlernen möchte, würde ich ohne Zögern sagen: den Prinzen!» Statt den Faschismus zu bekämpfen, gibt sie lieber Abstruses über die Frauenfrage von sich, hieß es hämisch. Virginia hat solchen Vorwürfen bisweilen Vorschub geleistet, denn sie präsentierte sich in der Öffentlichkeit tatsächlich am liebsten als weltfremde Privatperson, die allen Kontakt mit dem schmutzigen Geschäft der Politik scheute. Leonard unterstützte sie darin. An Julian Bell schrieb sie 1935: «Ich glaube, daß man um die Politik einen großen Bogen machen sollte. Meine Ansichten zu diesem Thema sind vage und vermutlich voreingenommen – zum Teufel mit der ganzen Politik!»

Solche Reaktionen zeugten auch von ihrem Respekt vor Leonards dominierender Rolle in politischen Fragen. Sie wollte ihm zu verstehen geben, daß sie auf diesem Gebiet keine Konkurrenz für ihn war und auch nicht sein wollte. Aber Virginia, seit je eine leidenschaftliche Zeitungsleserin, hörte jetzt eifrig die Nachrichten im Radio, engagierte sich in der Kampagne englischer Schriftsteller für die Verleihung des Friedens-Nobelpreises an Carl von Ossietzky und gab ihr Manuskript von «Drei Guineen» zur Versteigerung frei – mit dem Erlös sollte deutschen Flüchtlingen in England geholfen werden.

Ihre Äußerungen über den Faschismus standen zu den antisemitischen Stellen des Romans «Die Jahre» in einem seltsamen Kontrast, wo zum Beispiel Sara Pargiter angewidert davon spricht, daß sie das Badezimmer mit «dem Juden Abrahamson teilen muß (morgen werde ich wieder einen Dreckrand in der Badewanne vorfinden)». 1937 schrieb sie die Kurzgeschichte «Die Herzogin und der Juwelier»; es geht darin um einem kleinen, hakennasigen Judenjungen, der es mit allerlei Gaunereien zu beträchtlichem Reichtum bringt.

In Amerika konnte der Text erst veröffentlicht werden, nachdem er von antisemitischen Untertönen gereinigt worden war. Im Bloomsbury-Kreis stand Virginia Woolf mit dieser Haltung keineswegs allein. Auch von Vita Sackville-West gibt es Äußerungen, die befremdlich klingen, etwa wenn sie ihrem Mann schrieb, daß sie Leonard Woolf durchaus schätze, obwohl er «störrisch und manchmal sehr jüdisch» (d. h. geizig) sei.

Die Deutschlandreise hinterließ bei beiden tiefe Spuren. Virginia besann sich auf ihren Vorsatz, Anonymität und Immunität zu bewahren. Die aus Deutschland geflohene Psychiaterin Charlotte Wolff las ihr aus der Hand und prophezeite dramatische Veränderungen in ihrem Leben. (Leonard sprach von «gräßlichem Humbug», konnte aber nicht verhindern, daß die Schicksalslinien der Hand sogar in den «Jahren» auftauchten.)

Anfang 1936 eröffnete er seiner Frau, daß ihre Einkünfte im Vorjahr hinter den Erwartungen zurückgeblieben seien, was die Stimmung nicht verbesserte. Virginia quälte sich weiter mit dem Roman, sprach von «lahmem Zeug», ihrem «Erbrochenen». Zwischendurch gab es Augenblicke «privatesten Vergnügens», mit «viel Getue um die Murmeltiere». Einen beschwipsten Abend lang verglichen Vanessa und Virginia ihre Ehen; Vanessa erzählte ihrem Sohn Julian davon: «Sie hält Leonard für unbedingt zuverlässig, für den Felsen, den sie braucht. Sie sagte, daß sie sich nie entscheiden könne und jemanden brauche, der das für sie tue – Leonard sei ganz und gar selbstlos.»

Je mehr Virginia sich dem Ende des Manuskripts näherte, desto schlimmer wurden Kopfschmerzen und Schlaflosigkeit. Ethel Smyth klagte sie: «Ich bin nicht glücklich, auch weil ich Leonard so viel Sorgen mache.» Dem «Mungo», Leonard, der jeden Tag nach London fuhr und spät abends zurückkam, legte sie einen Zettel auf die Kommode: «Ohne Dich, liebster Mungo, ist alles langweilig hier ...» Die Korrekturfahnen trieben die Krise auf den Höhepunkt. Leonard wußte, daß sie in einen schweren manisch-depressiven Zustand versinken würde, wenn er sich nicht lobend über das Buch äußerte. Fünf Tage lang las er die Fahnen. Sie sah ihm über die Schulter, und als er fertig war und ihr, gegen seine Überzeugung, eine großes Kompliment aussprach, schien das Schlimmste abgewendet.

Auch wenn er jetzt Positives und Aufmunterndes zu ihr sagte, so hatten doch über die Jahre hin sein Pessimismus und seine düstere Rhetorik an ihrem Lebensmut gezehrt. Leonard hielt zwar an seinem Glauben an die moralische Kraft der westlichen Zivilisation fest, registrierte aber mit zunehmender Verbitterung das Herannahen der Barbarei. In einer Reihe von Pamphleten malte er die Grausamkeit des drohenden Weltkrieges aus, drückte aber auch seine Überzeugung aus, daß alle politischen Diktaturen notwendig den Keim ihres Untergangs in sich enthalten.

Virginia näherte sich in dieser Phase auffällig seiner Diktion. Auch sie schrieb von der drohenden Barbarei, teilte aber nicht seinen Pessimismus. Zwischen 1938 und 1941 arbeitete sie an einem Roman, der zunächst «Pointz Hall» heißen sollte, in der posthumen Veröffentlichung (Herbst 1941) aber den Titel «Zwischen den Akten» bekam.

Sie redete sich ein, daß schöpferische Tätigkeit auch eine Form des Protests gegen den Krieg sei. «Soldaten sind der Körper, ich bin der Kopf: das Denken ist meine Art des Kämpfens.» In diesem Buch war nichts mehr von judenfeindlichen Untertönen zu spüren. Die Deutschland-Erfahrungen und das lange Leben mit dem Juden Leonard ließen keine Vieldeutigkeit mehr zu. Beide wußten, was im Falle einer deutschen Invasion mit den Juden geschehen würde. (Die Gestapo hatte für den Juli 1940 eine 350seitige Liste vorbereitet, die sog. «Sonderfahndungsliste GB», in der sich auch «Leonard Woolf, Schriftsteller, RSHA VIG 1» und «Virginia Woolf, Schriftstellerin, RSHA VIG» finden.) Die

Woolfs waren nicht die einzigen, die Selbstmord-Vorbereitungen trafen. Sie beschafften sich Morphiumvorräte, Leonard stapelte Benzinkanister in der Garage. Virginia wehrte sich gegen den Tod durch Auspuffgase: «Ich will nicht um die Mittagszeit zu Bett gehen.»

«Zwischen den Akten» ist ein Roman, in den die Zeitgeschichte eingeht. Die Handlung spielt an einem Julitag des Jahres 1939 auf einem abgelegenen aristokratischen Landsitz – die Angst vor dem Kriegsausbruch geht um, Virginias Angst um Leonard, aber auch ihre diffuse Furcht vor den barbarischen Deutschen. Daß im Verhältnis des alten Bartholomew Oliver zu seiner Schwester Lucy Swithin Virginias Verhältnis zu Leonard seinen literarischen Niederschlag gefunden habe, ist Spekulation. Aber in einigen Passagen drängt sich dieser Eindruck auf: «Daß Bart und Lucy nicht zusammenpassen, ist eine unabänderliche Tatsache, denn Bart und Lucy sind bis ans Ende ihrer Tage in einem Kampf um die Natur der Rationalität zusammengeschweißt.» Spiegelt das Geschwister-Modell die asexuelle Natur der Beziehung von Virginia und Leonard wider? «Was sie sah, sah er nicht; was er sah, sah sie nicht – und so weiter, ad infinitum.» Daß Lucy von ihrer Umgebung für wunderlich gehalten wird, scheint ebenso zu passen wie die Tatsache, daß ihre religiösen Anwandlungen den gutmütigen Spott des Bruders provozieren, der sich wie selbstverständlich in der Rolle des überlegenen Aufklärers sieht.

Zur Silberhochzeit schenkte Leonard seiner Frau Thomas Love Peacocks «The Misfortunes of Elphin» und zitierte daraus als Widmung die Zeilen: «Das unerwartet Gute kommt noch auf uns zu / Wie manches unvorhergesehne Böse». Stärker als je empfand sie, daß die wichtigsten Dinge für ihre geistige Gesundheit die Arbeit und das Zusammenleben mit Leonard waren – und verdrängte jene Momente, in denen ihr die Partnerschaft mit Leonard als Fessel, Bedrückung, ja eine Form der Knechtschaft erschien. Den Plan, zu Vanessa nach

Paris zu fahren, gab sie auf, weil sie wußte, daß sie ohne Leonard unglücklich sein würde. «Ich war überwältigt von Glücksgefühlen», schrieb sie der Schwester, «wir gingen wie Verliebte um unseren Platz – noch nach 25 Jahren können wir es nicht ertragen, getrennt zu sein. Du siehst, es ist ein großes Vergnügen, begehrt zu werden, Frau zu sein. Und unsere Ehe so vollkommen.» Und an Ethel geht ein glückliches Protokoll: «Leonard in seinem Stall, ich in meinem.»

Als Leonard kränkelte – Nieren? Prostata? – und die Ärzte die Ursache nicht fanden, war sie beunruhigt, verstört. Fluchtpläne angesichts des drohenden Krieges wurden verworfen; man arbeitete an Manuskripten und im Garten, während Hitler nach Österreich griff. Virginia quälte sich mit der Fry-Biographie und beschloß, kompromittierendes Material wegzulassen. Sie fand es zunehmend schwerer, sich zu konzentrieren, Gedanken an den Tod zu verdrängen. Leonard erklärte ihr, wie er sich selbst verboten habe, an den Tod zu denken; sie sagte ihm, sie könne nach seinem Tod nicht weiterleben. Im Juli 1939 starb Leonards Mutter, neunzigjährig. Im Januar hatten sie den alten, gebrechlichen Sigmund Freud in London getroffen und mit ihm über Hitler gesprochen; er überreichte Virginia zum Abschied eine Narzisse.

Ihr Verhalten in der Öffentlichkeit nahm mitunter skurrile Züge an. Sie kletterte, laut mit sich selber redend, unter der Southwark Bridge bis dicht an die Themse, betrank sich auf Parties, kegelte mit ekstatischer Begeisterung. Am 3. September hörte sie im Radio die Meldung, daß der britische Botschafter in Berlin, Arthur Henderson, die Kriegserklärung seiner Regierung gegen das Deutsche Reich überbracht habe. Drei Tage später notierte sie: «Dies ist die schlimmste Erfahrung meines Lebens.»

Die unmittelbaren Folgen: Benzin-Rationierung, Papier-, Zucker- und Streichholz-Knappheit, dazu für die Woolfs die Erkenntnis, daß angesichts drastischer Steuererhöhungen und rückläufiger Verkaufszahlen ihre finanzielle Lage heikel werden könnte. Leonard errechnete, daß sie ihre Zuwendungen an die Nichte Angelica kürzen müßten, Virginia stellte sich darauf ein, wieder Rezensionen zu schreiben. Im November 1939 erschien in der Hogarth Press ihr Pamphlet «Reviewing», eine bittere Satire auf die Eitelkeit der Künstler und die sich prostituierenden Intellektuellen. Leonard hielt ihre Argumentation für so extrem, daß er der Tirade eine versöhnliche Schlußbemerkung nachschickte. Die Verhärtung von Virginias Standpunkten hatte sicher auch mit ihrer neuerlichen Freud-Lektüre zu tun. Wenn Freud den Krieg auf den unausrottbaren Aggressionstrieb der Menschen zurückführte (Aggression als der «Trieb zur Bemächtigung der äußeren Welt»), stimmte sie ihm zu, distanzierte sich aber mit dem Zusatz, diese Instinkte seien eine ausschließlich männliche Domäne.

Großen Eindruck machten auf sie Freuds Überlegungen zum Problem der Ambivalenz, das aus dem Aggressionsprinzip erwächst. Sie wendete den Begriff der Ambivalenz nicht nur auf ihr Verhältnis zum Vater an, sondern auch auf die Beziehung zu Leonard (der seinerseits nicht zögerte, Virginias psychische Probleme mit dem Vokabular der Psychoanalyse zu beschreiben). Wenn sich im Roman «Zwischen den Akten» Isabella in unentrinnbarer Haßliebe an ihren Mann Giles Oliver gefesselt fühlt, so war das ein Reflex der eigenen Ehe, in der Virginia bisweilen ähnliche Kräfte am Werk spürte; deutlicher als je zuvor glaubte sie zu sehen, daß es ihre Schuldgefühle waren, die Leonards Disziplinierungsmaßnahmen ausgelöst hatten. Daß er sich nie über sie beklagte, gehörte ebenso zu seiner Herbheit als Partner wie sein erdrückend gesunder Menschenverstand. Als Virginia ihn einmal ins Haus rufen wollte, weil Hitler im Radio redete, rief er zurück: «Ich pflanze gerade Schwertlilien – die blühen noch, wenn der schon lange tot ist!» Leonard wollte sich den «Home Guards», einer Art Volkssturm, anschließen, die Virginia «ziemlich lächerlich» fand; er trat in die Freiwillige

Feuerwehr von Rodmell ein und machte einen Erste-Hilfe-Kurs. Bei einer Metall-Sammlung gab er sämtliche Aluminium-Pfannen des Hauses weg.

Die Flieger-Angriffe rückten täglich näher, im Juni und Juli spielte sich die «Battle of Britain» fast über ihren Köpfen ab. Es kam jetzt häufiger zu Irritationen zwischen den Eheleuten. Virginia fühlte sich von Leonards harscher Kritik an ihrer Roger Fry-Biographie verletzt und rächte sich mit Spott über seinen Steingarten-Tick. Sie konnte nicht schreiben, wenn er im Winter neben ihr am einzigen intakten Kamin des Hauses saß. Leonard gefiel sich in zynischen Bemerkungen über die Vergeblichkeit aller Versuche, durch Heiraten die eigenen Fehler kaschieren zu wollen: «Die Irrtümer der Menschen sind Teil ihres Lebens – vielleicht ist es gut, daß wir auch die Erfahrung von Fehlern machen.» Virginia konnte eine derart abgeklärte Distanz nicht mehr aufbringen.

Immer quälender spürte sie, wie der Krieg ihr die Luft zum Atmen nahm – sie fühlte sich isoliert, glaubte, daß sie keine Leser mehr habe und hielt ihr literarisches Werk für sinnlos. Wegen der deutschen Tiefflieger mußte sie ihre Nachmittagsspaziergänge aufgeben. Am 16. August 1940 überraschte ein Bombenangriff die Woolfs bei der Gartenarbeit: «Wir legten uns auf die Erde unter den Baum; wir lagen flach auf unseren Gesichtern, die Hände hinter dem Kopf. ‹Beiß die Zähne nicht aufeinander›, sagte Leonard. Die Fenster meines Häuschens erzitterten von den Bomben. Wenn jetzt eine auf uns fällt, zerbersten wir zusammen, dachte ich.» Ein paar Tage später, beim Mittagessen, donnerten drei Flugzeuge über das Haus hinweg, die Hakenkreuze waren deutlich zu erkennen. («Es wäre ein friedlicher, sachlicher Tod, beim Kegeln auf der Terrasse an diesem schönen, kühlen Augustabend ausradiert zu werden.») Am 7. September flogen dreihundert deutsche Bomber einen Großangriff auf London. Bei einer Invasion der 9. deutschen Armee wäre Rodmell fünf Kilometer vom Landeplatz entfernt. Dem

Dienstmädchen Mabel wurde die Lage zu mulmig, nur die Köchin Louise blieb bei den Woolfs. Vita schickte Butter, Vanessa Schafswolle, aus der Virginia warme Sachen stricken sollte. Monk's House war feucht und kalt. Lebensmittel wurden knapp. Virginia malte sich im Geiste üppige Mahlzeiten aus. Leonards Regeln, Ruhe und gesundes Essen, waren nicht mehr einzuhalten. Er notierte im Tagebuch: «V.n.w.», *Virginia not well* – ein sicheres Zeichen für die dramatische Verschlechterung ihres Zustandes.

Im November trat, nach einem Bombentreffer auf die Uferböschung, die Ouse über die Ufer. «Die Deutschen bombardierten zu meinem unendlichen Entzücken unseren Fluß. Wasserkaskaden tosten über die Marsch. Alle Möwen kamen und ritten auf den Wellen am Ende des Feldes. Es war und ist ein Inselmeer von unbeschreiblicher Schönheit.» Virginia nahm ihre langen Spaziergänge wieder auf, hingerissen von der morbiden Schönheit der Flußlandschaft.

In London wurden die Zerstörungen immer sichtbarer. Die Woolfs, die mit allen Fasern an dieser «majestätischen Stadt» hingen, waren verzweifelt. Ihr Haus am Mecklenburgh Square, in dem sie eine Wohnung und Räume für die Hogarth Press eingerichtet hatten, wurde durch die Explosion einer Zeitbombe schwer beschädigt; das Mobiliar war ruiniert. Leonards Sarkasmus blühte: «Materieller Besitz ist im Grunde lästig, vielleicht ist es nicht falsch, von vorne anzufangen!» Sie beschlossen, die unversehrten Möbel und Bücher nach Rodmell zu schaffen; in Monk's House entstand ein Chaos.

Ende November 1940 war Virginia mit dem Roman «Zwischen den Akten» ans Ende gekommen und erklärte Leonard, daß sie das Buch nicht veröffentlichen wolle. Er schrieb darüber später: «Ich konnte Virginias Gefühle über ihre Bücher und deren Ansehen nie ganz verstehen. Sie schien das Schicksal ihrer Werke beinahe physisch und geistig als einen Teil ihres eigenen Schicksals zu empfinden.» Die Autobiographie «Eine Skizze der Vergangenheit» geriet ins Stocken. Sie schrieb eine Kurzgeschichte mit dem Titel «Das Vermächtnis», im Auftrag von «Harper's Bazaar»; der Text wurde von den Amerikanern abgelehnt, was ihre Stimmung weiter verdüsterte.

Virginia schien zu glauben, daß sie, wie im Ersten Weltkrieg, dem Wahnsinn verfiel. Eine befreundete Ärztin aus Brighton, unauffällig von Leonard ins Spiel gebracht, erkannte die Symptome, wußte aber keinen praktischen Rat. Virginia, «dünn wie eine Rasierklinge, die Hände kalt wie Eiszapfen», konnte sich nicht mehr aufs Schreiben konzentrieren; sie scheuerte statt dessen die Fußböden. «Ein Kampf gegen die Depressionen. Ich bringe die Küche in Ordnung. Dieser Anfall soll mich nicht besiegen, das schwöre ich. Das Leben in Rodmell ist beschränkt. Unser Haus ist feucht und verwahrlost. Aber es gibt keine Alternative.» Am 13. Januar 1941 starb der fast gleichaltrige James Joyce.

Leonard konnte mit der plötzlichen Verschlimmerung ihres Zustandes nicht mehr umgehen. Auf die üblichen Warnsignale – Kopfschmerzen, Schlaflosigkeit, Konzentrationsschwäche – hätte er früher mit Isolation und gesunder Ernährung reagiert. Beides war jetzt nur noch beschränkt möglich. Als sie eines Nachmittags, zitternd und naß, von einem Spaziergang zurückkam und etwas von «im Wasser ausgerutscht» murmelte, vermutete er, daß sie Ertrinken geübt hatte. So ließe sich erklären, daß von den drei Briefen, die sie hinterließ (zwei an Leonard, einen an Vanessa), einer das Datum «Sonntag» trägt, ein anderer «Dienstag, 28. März» datiert und der dritte ohne Datum ist. Umgebracht hat sie sich an einem Freitag. Der erste Brief an Leonard lautet:

«Liebster,

Ich möchte Dir sagen, daß Du mir vollkommenes Glück geschenkt hast. Niemand hätte mehr tun können, als Du getan hast. Bitte glaub mir das. Aber ich weiß, daß ich dieses nicht überwinden kann: und ich vergeude Dein Leben. Nie-

mand kann mich von dieser Überzeugung abbringen. Du
kannst arbeiten, und es wird Dir ohne mich besser ergehen.
Du siehst, daß ich nicht mal dies ordentlich schreiben kann,
was beweist, daß ich recht habe. Alles, was ich sagen will, ist,
bis diese Krankheit über mich kam, waren wir vollkommen
glücklich. Und das ist nur Dir zu verdanken. Niemand hätte
so gut sein können, wie Du vom ersten Tag an bis heute gewesen bist. Jeder weiß das.

V.

Rogers Briefe an Mauron findest Du in der Schreibtisch-
schublade in der Hütte. Kannst Du bitte alle meine Papiere
vernichten?»

Leonard sollte sich nicht schuldig fühlen an ihrem Tod,
war ihre größte Sorge, auch in dem Brief an Vanessa. Danach
hat sie einen zweiten Brief an Leonard geschrieben, der
Wendungen aus den beiden früheren enthält:

«Liebster,

Ich fühle deutlich, daß ich wieder verrückt werde. Ich
glaube, wir ertragen eine so schreckliche Zeit nicht noch einmal. Und diesmal werde ich nicht wieder gesund werden. Ich
höre Stimmen und ich kann mich nicht konzentrieren. Also
tue ich das, was mir das Beste zu sein scheint. Du hast mir das
größtmögliche Glück geschenkt. Du bist mir alles gewesen,
was jemand für einen Menschen sein kann. Ich glaube nicht,
daß zwei Menschen glücklicher hätten sein können, bis diese
schreckliche Krankheit kam. Ich kann nicht mehr kämpfen.
Ich weiß, daß ich Dein Leben ruiniere, daß Du ohne mich arbeiten könntest. Und das wirst Du auch, ich weiß es. Du
siehst, nicht mal das hier kann ich ordentlich schreiben. Ich
kann nicht lesen. Was ich sagen möchte, ist, daß ich alles
Glück in meinem Leben Dir verdanke. Du bist geduldig mit
mir gewesen und unglaublich gut. Das möchte ich Dir sagen –
jeder weiß es. Wenn jemand mich hätte retten können, wärest
Du es gewesen. Alles andere hat mich verlassen, außer dem
sicheren Wissen um Deine Güte. Ich kann Dein Leben nicht

länger ruinieren. Ich glaube nicht, daß zwei Menschen glücklicher hätten sein können, als wir es waren.

V.»

Virginia Woolf hat ihre Abschiedsbriefe sorgfältig entworfen und überarbeitet – bis zuletzt blieb sie die professionelle, disziplinierte Schriftstellerin, bis zum Schluß wußte sie genau, was sie tat. Ihr Freitod war nicht die Verzweiflungstat einer geistig Verwirrten, sondern ein überlegter, rationaler Entschluß. Am Freitag, dem 28. März 1941, um die Mittagszeit, zog sie ihren Pelzmantel an, griff zum Spazierstock, trat durch die Gartenpforte, nahm den Weg hinab zum Fluß, steckte sich einen großen Stein in die Tasche und ging ins Wasser.

Erst drei Wochen später fand man die Leiche. Auf dem Totenschein stand der Vermerk: «Adeline Virginia Woolf, Schriftstellerin, Ehefrau des Leonard Sidney Woolf, Verleger, wurde am 18. April tot in der Ouse gefunden. Todesursache: freiwilliges Eintauchen in den Fluß, zum Zweck der Selbsttötung im Zustand geistiger Verwirrung.» Leonard hatte den Behörden erklärt, seine Frau habe ihr Leben lang an «akuter Neurasthenie» gelitten. Die Einäscherung fand im Downs Crematorium in Brighton statt, Leonard war als einziger anwesend. Statt der verabredeten Cavatina aus Beethovens Streichquartett op. 130 erklang der «Tanz der seligen Geister» aus Glucks «Orpheus und Eurydike». Die Lokalzeitung titelte: «Romanautorin aus Sussex Opfer der Kriegswirren.»

Leonard notierte auf einem Blatt Papier: «Ich weiß, daß V. nicht mehr aus ihrer Hütte durch den Garten kommen wird, und trotzdem suche ich sie in dieser Richtung. Ich weiß, daß sie ertrunken ist, und doch horche ich, ob sie durch die Tür kommt. Selbstsucht und Dummheit kennen keine Grenzen.» Er begrub die Urne im Garten von Monk's House, unter einer der beiden Ulmen, die sie «Leonard» und «Virginia» genannt hatten.

Leonard Woolf hat seine Frau um achtundzwanzig Jahre überlebt. Er zog zurück nach London, zuerst in das zerstörte Haus am Mecklenburgh Square, dann mietete er ein Haus am Victoria Square, in dem er bis zu seinem Tode lebte. Nach dem Krieg und dem Sieg der Labour Party gab er die meisten seiner politischen Ämter auf und arbeitete an seinem theoretischen Hauptwerk, den «Principia Politica», das 1953 erschien, aber zu seiner großen Enttäuschung kaum beachtet wurde. Er begrüßte die Auflösung des britischen Empire, die Unabhängigkeit Indiens und Sri Lankas, die Errichtung des Staates Israel und verfolgte mit Zorn die Perversion der kommunistischen Ideale in der Sowjetunion. Die Hogarth Press verkaufte er an den Verlag Chatto & Windus, dessen Leitung er eine Weile angehörte. Bis 1965 blieb er Autor und Direktor der linksliberalen Wochenschrift «New Statesman».

Die meiste Zeit aber verwendete er nun auf die Betreuung von Virginias literarischem Nachlaß. Rasch hatte er erkannt, daß sich aus den unveröffentlichten Manuskripten eine Reihe von Büchern machen ließ. Schon 1942 gab er eine Sammlung von Virginias Essays unter dem Titel «The Death of the Moth and other Essays» heraus, 1944 folgten «A Haunted House and other Short Stories», 1947 «The Moment and other Essays», 1950 «The Captain's Death and other Essays». 1953 veröffentlichte er eine erste Auswahl aus Virginias Tagebüchern, mit dem Titel «A Writer's Diary», 1956 eine Auswahl aus ihrem Briefwechsel mit Lytton Strachey. Je mehr ihr Nachruhm wuchs, desto besser verkauften sich ihre Bücher. Leonard geriet bei der eigenen Familie in den Verdacht, «die Tragödie seiner Frau schamlos auszuschlachten». An den Brief- und Tagebuch-Auszügen zeigte sich, daß er alle für sich und die Ehe ungünstigen Stellen weggelassen hatte – er wollte über die Reputation seiner Frau die Kontrolle behalten und betonte deshalb auffällig oft, daß er in den von ihm herausgegebenen Bänden ein ungeschöntes, objektives, repräsentatives Virginia Woolf-Bild biete.

So sträubte er sich auch lange gegen eine offizielle Biographie und konnte nur mit Mühe dazu überredet werden, Virginias Vetter Quentin Bell diese Aufgabe anzuvertrauen; mit dem Ergebnis, einem zweibändigen, faktenreichen Werk, war er dann hochzufrieden. Einer 1955 in den USA erschienenen Biographie – Aileen Pippetts «The Moth and the Star» – hatte er die Publikationsrechte für England verweigert.

Seine eigene fünfteilige Autobiographie bereitete ihm größere Schwierigkeiten. Die ersten beiden Bände, «Sowing» und «Growing», erschienen 1960 bzw. 1961, die nächsten («Beginning Again» und «Downhill all the Way») folgten 1964 und 1967; kurz vor seinem Tod kam im Sommer 1969 der letzte Band, «The Journey, not the Arrival Matters», heraus. Die Jahre in Ceylon holten ihn noch einmal ein, als in Colombo seine dienstlichen Tagebücher veröffentlicht wurden, die bei manchen Erinnerungen an den arroganten Imperialisten Leonard Woolf weckten.

Was er der Öffentlichkeit über seine Ehe mit Virginia mitteilte, war vorsichtig und abwägend formuliert, gewann aber in den späteren Bänden an Farbe durch die lebendige, abschweifende Art des Erzählens, die deutlich von Virginias reifem Stil beeinflußt war. Wer sich von diesem Bericht Aufschlüsse über die Partnerschaft und ihre Probleme erhofft, wird enttäuscht – Leonard Woolf vermied jede Erörterung heikler Themen wie Sexualität, Antisemitismus oder Kinderlosigkeit und konzentrierte sich ganz auf die Beschreibung und Verteidigung seiner Handlungen. Dies war die beherrschte Selbstdarstellung eines Mannes, der von sich behauptete, daß er kein Schuldbewußtsein kenne und zeitlebens die Wahrheit gesagt habe – «ausgenommen in Fällen, wo es gute Gründe dafür gab, zu lügen».

In der Zeit nach Virginias Tod traf er sich öfter mit der zweiundzwanzig Jahre jüngeren Trekkie Parsons, der Frau des

Chatto & Windus-Direktors Ian Parsons. Die beiden kannten sich schon seit vielen Jahren; Trekkie, eine in Südafrika geborene Malerin, hatte für den Roman ihrer Schwester, der in der Hogarth Press erscheinen sollte, den Umschlag entworfen. Schon ein Jahr nach Virginias Tod wurde aus der Freundschaft ein Verhältnis. Die Malerin verbrachte, während ihr Mann für den britischen Geheimdienst in den USA unterwegs war, längere Zeit mit Leonard im Monk's House. Nach Kriegsende zogen die Parsons, nach längerem Zögern des Ehemannes, in Leonards Haus am Victoria Square. Das Dreiecksverhältnis scheint leidlich funktioniert zu haben.

Leonard blühte noch einmal auf. Er gab Trekkie, wie vordem Virginia, Tiernamen, nannte sie seinen «Tiger» und schrieb ihr zärtlich-alberne Briefe. Zu mehr ließ sie es, wohl auch aus Zweifeln an seiner Rüstigkeit, nicht kommen, berichtet Peter F. Alexander, der diese Details Trekkie Parsons 1991 in mehreren Interviews entlockte. Obwohl sie seine Heiratsanträge ablehnte, hat sie ihn offenbar glücklich gemacht, so glücklich, wie er vielleicht nur kurz vor der Heirat mit Virginia war. «Mit Virginia führte er eine Ehe, mit Trekkie hatte er eine Romanze», erklärt Alexander, «die bis an sein Lebensende anhielt.» Er reiste mit ihr nach Israel, Sri Lanka und in die USA. Im April 1969 erlitt der Achtundachtzigjährige einen Schlaganfall. Vier Monate darauf, am 14. August, starb er im Monk's House. Trekkie Parsons begrub Leonards Urne unter der anderen Ulme im Garten von Monk's House.

Mit seinem Drang zur Vereinfachung komplexer Zusammenhänge hatte Leonard einen Wall zwischen sich und Virginia errichtet, der ihr das Gefühl von Schutz und Geborgenheit geben konnte, aber auch eine unüberwindliche Trennmauer blieb. Sie wußte, daß Liebe einsam macht. Die Isolation der Menschen kann sie nicht überwinden. Die Ehe

Leonard Woolf liest in einem Heft der Tagebücher seiner Frau. (Gisèle Freunds Foto aus dem Jahr 1960 ist das einzige Bild, auf dem Leonard lächelt.)

ist ein unzulänglicher Kompromiß, bei dem die Frau notwendig die größeren Opfer bringt.

«Es ist die Empfänglichkeit für schockartige Sinneseindrücke, die mich zur Schriftstellerin gemacht hat», schrieb sie in der «Skizze der Vergangenheit». Am letzten Dezembertag des Jahres 1932 notierte sie im Tagebuch: «Wenn man sich nicht zurücklehnt & Bilanz zieht und zum Augenblick, diesem Augenblick, sagt: verweile doch, du bist so schön, was wird man dann gewinnen? Das Sterben? Nein: verweile doch, Augenblick! Keiner sagt das oft genug. Immer nur Eile. Ich gehe jetzt zu Leonard und sage: verweile, Augenblick!» Und dann fragte sie Leonard: «Findest du mich noch immer schön?», und er antwortete: «Die schönste Frau der Welt!»

# Literaturhinweise

*Bibliographien*

B. J. Kirkpatrick, A Bibliography of Virginia Woolf, 4. Auf-
lage. Oxford 1997.
L. Luedeking/M. Edmund, Leonard Woolf: A Bibliography.
Winchester 1992.


*Biographien*

Quentin Bell, Virginia Woolf. A Biography. London 1972.
Deutsche Ausgabe: Virginia Woolf. Eine Biographie. Aus
dem Englischen von Arnold Fernberg. Insel Verlag, Frank-
furt a. M. 1977.
Werner Waldmann, Virginia Woolf mit Selbstzeugnissen und
Bilddokumenten, Reinbek bei Hamburg 1983.
Jürgen Klein, Virginia Woolf: Genie – Tragik – Emanzipa-
tion, München 1984.
Lyndall Gordon, Virginia Woolf. Das Leben einer Schrift-
stellerin. Aus dem Englischen von Tommy Jacobsen. S. Fi-
scher Verlag, Frankfurt a. M. 1987.
Renate Wiggershaus, Virginia Woolf: Leben und Werk in
Texten und Bildern, Frankfurt a. M. 1987.
Susanne Amrain, So geheim und vertraut: Virginia Woolf
und Vita Sackville-West. Frankfurt a. M. 1994.
Hermione Lee, Virginia Woolf. London 1997. Deutsche Aus-
gabe: Virginia Woolf. Ein Leben. Aus dem Englischen von
Holger Fliessbach. S. Fischer Verlag, Frankfurt a. M. 1999.
Mitchell A. Leaska, Granite & Rainbow: The Hidden Life of
Virginia Woolf. London 1998.

Duncan Wilson, Leonard Woolf: A Political Biography. London 1978.

*Briefe, Tagebücher, Autobiographisches*

**Virginia Woolf**

The Letters of Virginia Woolf, ed. Nigel Nicolson and Joanne Trautmann, vols. 1–6. London 1976–1980.

The Diary of Virginia Woolf, ed. Anne Olivier Bell, vols. 1–5. London 1977–1984.

Deutsche Ausgabe: Tagebücher Bd. I (1915–1919), übersetzt von M. Bosse-Sporleder, S. Fischer Verlag, Frankfurt a. M. 1990, und Tagebücher Bd. II (1920–1924), übersetzt von Claudia Wenner, S. Fischer Verlag, Frankfurt a. M. 1994.

Augenblicke: Skizzierte Erinnerungen. Mit einem Essay von Hilde Spiel. Übersetzt von Elizabeth Gilbert, Deutsche Verlags-Anstalt, Stuttgart 1981.

**Leonard Woolf**

Letters of Leonard Woolf, ed. F. Spotts. London 1990.

Sowing, London 1960.

Growing, London 1961.

Diaries in Ceylon, London 1963.

Beginning Again, London 1964.

Downhill All the Way, London 1967.

The Journey Not the Arrival Matters, London 1969.

Deutsche Auswahl-Ausgabe: Mein Leben mit Virginia: Erinnerungen. Hg. von Friederike Groth, übersetzt von Ilse Strasmann, Frankfurter Verlagsanstalt, Frankfurt a. M. 1988.

**Zu Virginia & Leonard Woolf:**

George Spater/Ian Parsons, Porträt einer ungewöhnlichen Ehe: Virginia & Leonard Woolf. Übersetzt von B. Scriba-Sethe. S. Fischer Verlag, Frankfurt a. M. 1980.

Peter F. Alexander, Leonard and Virginia Woolf: A Literary Partnership. Hemel Hempstead 1992.

Natania Rosenfeld, Virginia & Leonard Woolf: A Union of Outsiders. Ph. D. Diss. Princeton 1992.

J. H. Willis jr., Leonard and Virginia Woolf as Publishers: The Hogarth Press 1917–1941. University Press of Virginia, 1992.

Die Übersetzungen der Zitate, soweit sie nicht den vorliegenden deutschen Ausgaben entnommen sind, stammen vom Verfasser.

# Bildnachweis

Ullstein Bilderdienst, Berlin: Seiten 19 und 86
Tate Gallery, London: S. 35
VG Bild-Kunst: S. 119 (Die Bildvorlage stellte uns freundlicherweise der S. Fischer Verlag, Frankfurt a. M., zur Verfügung.)

Für die folgenden Bilder konnten wir die Rechteinhaber trotz umfänglicher Recherchen leider nicht ermitteln. Die Fotos sind aus folgenden Büchern entnommen:

Renate Wiggershaus, Virginia Woolf, Leben und Werk in Texten und Bildern, Frankfurt am Main 1987: Seiten 17, 65, 91

John Lehmann, Virginia Woolf, Thames & Hudson 1975/1987: Seiten 49, 79, 93, 101, 113, 135, 165

PAARE  Lebensläufe zu zweit


Günter Barudio
Madame de Staël und Benjamin Constant
Spiele mit dem Feuer

Marina Bohlmann-Modersohn
Paula und Otto Modersohn

Barbara Bronnen
Karl Valentin und Liesl Karlstadt
Blödsinnskönig – Blödsinnskönigin

Herbert Genzmer
Dalí und Gala
Der Maler und die Muse

Dagmar von Gersdorff
Bettina und Achim von Arnim
Eine fast romantische Ehe

Dagmar von Gersdorff
Königin Luise und Friedrich Wilhelm III.
Eine Liebe in Preußen


Rowohlt · Berlin

Unda Hörner
Louis Aragon und Elsa Triolet
Die Liebenden des Jahrhunderts

Eckart Klessmann
Fürst Pückler und Machbuba
Gesellschaftlicher Skandal und Eklat des Herzens

Joachim Köhler
Friedrich Nietzsche und Cosima Wagner
Die Schule der Unterwerfung

Christa Maerker
Marilyn Monroe und Arthur Miller
Eine Nahaufnahme

Wolfgang Martynkewicz
Sabina Spielrein und C. G. Jung
Eine Fallstudie

Renate Möhrmann
Tilla Durieux und Paul Cassirer
Bühnenglück und Liebestod

Renate Möhrmann
Ingrid Bergman und Roberto Rossellini
Eine Liebes- und Beutegeschichte

Rowohlt · Berlin

# PAARE Lebensläufe zu zweit

Bernd Neumann
Hannah Arendt und Heinrich Blücher
Ein deutsch-jüdisches Gespräch

Justus Noll
Ludwig Wittgenstein und David Pinsent
Die andere Liebe des Philosophen

Alan Posener
John F. und Jacqueline Kennedy
Das Königspaar im Weißen Haus

Stephan Reimertz
Max Beckmann und Minna Tube
Eine Liebe im Porträt

Walter van Rossum
Simone de Beauvoir und Jean-Paul Sartre
Die Kunst der Nähe

Friedrich Rothe
Arthur Schnitzler und Adele Sandrock
Theater über Theater

Rowohlt · Berlin

Rowohlt · Berlin